José A. Palma Caetano · Johannes J. Mayr ·
Renate Plachy · Franz Ptacek

Grammatik
Portugiesisch

Max Hueber Verlag

CIP-Kurztitelaufnahme der Deutschen Bibliothek

Grammatik Portugiesisch / José A. Palma Caetano ...
– 1. Aufl. – München [i. e. Ismaning]:
Hueber, 1986.
  ISBN 3-19-005138-0

NE: Palma Caetano, José A. [Mitverf.]

1. Auflage 3 2 1
© 1986 Max Hueber Verlag · München
Verlagsredaktion: Elisabeth Stiefenhofer, Ismaning
Layout: Erwin Schmid, Markt Schwaben
Umschlaggestaltung: Planungsbüro Winfried J. Jokisch, Düsseldorf
Satz: Fertigsatz GmbH, München
Druck: Druckerei Manz AG, Dillingen
Printed in Germany
ISBN 3-19-005138-0

Vorwort

Die vorliegende Grammatik vermittelt auf einem Minimum an Raum ein Maximum an Wissen über das System der portugiesischen Sprache. Das bedeutet, daß zugunsten einer klaren und übersichtlichen Darstellung der Strukturen und Regeln, die für das Verständnis der Umgangs- und Mediensprache notwendig sind, bewußt auf viele interessante Details verzichtet werden mußte.

Aus vielen Beispielen der Gegenwartssprache wird die grammatische Aussage abgeleitet und ein Einblick in das gesprochene Portugiesisch gegeben. Gleichzeitig erfüllt das Buch die Aufgaben eines Nachschlagewerkes, denn es enthält, verständlich erläutert, alles Wesentliche.

Zahlreiche Wortübersichten, Formentabellen, Wendungen und Konstruktionen erleichtern das Erfassen syntaktischer Bezüge und können auch eine wichtige Hilfe beim Gebrauch eines Wörterbuches sein. Auch bei der Benützung einsprachiger portugiesischer Fachbücher erweist sich diese Grammatik als wertvolle Hilfe, denn die grammatische Terminologie wird nicht nur auf deutsch, sondern auch auf portugiesisch gegeben.

Wer auch die Eigenheiten des brasilianischen Portugiesisch kennenlernen möchte, findet diese im letzten Abschnitt des Buches in vergleichender Anordnung wiedergegeben. Brasilien mit seinen 130 Mio. Einwohnern trägt wesentlich dazu bei, der portugiesischen Sprache ihren Rang als Weltsprache zu sichern.

Zielsetzung der Autorengruppe, die sich auf mehrere Fachgebiete und Erfahrungsbereiche stützen konnte, war es, eine Grammatik der portugiesischen Sprache zu erstellen, die dem Anfänger eine leicht verständliche, praktische Einführung gibt, aber auch für den fortgeschrittenen Studierenden ein nützlicher und verläßlicher Ratgeber bleibt.

Inhalt

Das Verb
(O verbo)

Einführende Hinweise

Die portugiesische Sprache unterscheidet gemäß den Infinitivendungen ihrer Verben **1**
drei Konjugationen:

1. Konjugation: Verben auf **-ar** *(falar, dar)*
2. Konjugation: Verben auf **-er** *(viver, fazer)*
3. Konjugation: Verben auf **-ir** *(partir, vir)*

Anmerkung:
Pôr und seine Komposita **compor, dispor, supor,** etc. werden zur 2. Konjugation ge-
zählt.

Bleibt der Stamm eines Verbs in den verschiedenen Konjugationsformen erhalten, so **2**
spricht man von einem regelmäßigen Verb *(verbo regular).* Unregelmäßige Verben
(verbos irregulares) sind demnach jene, deren Stamm in manchen Formen verändert
wird.

Einige Verben verlieren in gewissen Fällen ganz oder teilweise ihre Grundbedeutung **3**
und erfüllen bestimmte Funktionen, in denen sie als Hilfsverben *(verbos auxiliares)*
bezeichnet werden. Es dienen:
ter, haver *(auxiliares dos tempos compostos)* zur Bildung der zusammengesetzten
Zeiten;
ser *(auxiliar da voz passiva)* zur Bildung des Passivs;
ter, haver, estar, andar, vir, etc. *(auxiliares da conjugação perifrástica)* zur Bildung
der periphrastischen Konjugation.

Verben, denen bestimmte Konjugationsformen fehlen, werden als defektiv bezeichnet **4**
(verbos defectivos).

5 Besondere Beachtung verdienen im Portugiesischen die Konjugation mit dem Personal-pronomen **o/a, os/as** *(conjugação pronominal)* und die Konjugation mit Reflexivpro-nomen *(conjugação reflexa)*.

6 Periphrastische Konjugation → 70 nennt man im Portugiesischen die Verbindung eines **infinitivo** (oft mit Präposition) oder eines **gerúndio** mit einem Hilfsverb wie **estar, andar, ir, vir, ter, haver.**

Modi und Zeiten

7 Die fünf Modi sind:

Indicativo	Indikativ
Condicional	Konditional
Imperativo	Imperativ
Conjuntivo	Konjunktiv
Infinitivo pessoal	Persönlicher Infinitiv

Daneben gibt es noch:

Infinitivo impessoal	Unpersönlicher Infinitiv
Particípio	2. Partizip
Gerúndio	Gerundium (1. Partizip)

8 Die Zeiten sind:

Presente	Gegenwartszeit
Pretérito imperfeito	
Pretérito perfeito simples	
Pretérito perfeito composto	Vergangenheits-zeiten
Pretérito mais-que-perfeito simples	
Pretérito mais-que-perfeito composto	
Futuro imperfeito	
Futuro perfeito	Zukunftszeiten

9 Man unterscheidet einfache und zusammengesetzte Zeiten, wobei letztere mittels der Hilfsverben **ter** oder **haver** und dem **particípio** gebildet werden. Die Verwendung von **haver** ist jedoch heute sehr eingeschränkt; in der Umgangssprache wird ausschließlich **ter** verwendet.

Nachstehende Tabelle gibt einen Überblick über die einfachen und zusammengesetzten **10** Zeiten.

Die zusammengesetzten Zeiten in der rechten Spalte werden mit den in der linken Spalte entsprechenden einfachen Zeiten des Hilfsverbs gebildet.

Tempos simples	Tempos compostos
Indicativo	
Presente	Pretérito perfeito composto
Pretérito imperfeito	Pretérito mais-que-perfeito composto
Pretérito perfeito simples	--
Pretérito mais-que-perfeito simples	--
Futuro imperfeito	Futuro perfeito
Condicional	
Simples	Composto
Imperativo	
Conjuntivo	
Presente	Pretérito perfeito
Pretérito imperfeito	Pretérito mais-que-perfeito
Futuro imperfeito	Futuro perfeito
Infinitivo pessoal	
Simples	Composto
Infinitivo impessoal	
Simples	Composto
Particípio	
Gerúndio	
Simples	Composto

Übersicht über die Konjugationsformen

11 Die Kenntnis des **infinitivo impessoal,** des **presente do indicativo** und des **pretérito perfeito simples** ermöglicht, von wenigen Ausnahmen abgesehen, das Erfassen aller übrigen Konjugationsformen der portugiesischen Verben.

12 Aus dem **infinitivo impessoal** lassen sich ableiten (siehe die Beispiele der Konjugationsübersichten):

a) Imperfeito do indicativo
Bei der 1. Konjugation wird die Infinitivendung **-ar** durch **-ava, -avas, -ava, -ávamos, -áveis, -avam** ersetzt; bei der 2. und bei der 3. Konjugation werden die Infinitivendungen **-er** bzw. **-ir** durch **-ia, -ias, -ia, -íamos, -íeis, -iam** ersetzt;
Ausnahmen:

ter – **tinha**   pôr – **punha**
ser – **era**   vir – **vinha**

b) Futuro do indicativo
Der Infinitiv erhält die Endungen **-ei, -ás, -á, -emos, -eis, -ão.**
Ausnahmen:
dizer – **direi, dirás, ...**
fazer – **farei, farás, ...**
trazer – **trarei, trarás, ...**

c) Condicional
Der Infinitiv erhält die Endungen **-ia, -ias, -ia, -íamos, -íeis, -iam.**
Ausnahmen:
dizer – **diria, dirias, ...**
fazer – **faria, farias, ...**
trazer – **traria, trarias, ...**

d) Infinitivo pessoal
Der Infinitiv erhält die Endungen **-, -es, -, -mos, -des, -em.**

e) Gerúndio
Das **-r** der Infinitivendungen **-ar, -er, -ir** wird durch **-ndo** ersetzt.

f) Particípio
Bei der 1. Konjugation wird die Infinitivendung **-ar** durch **-ado,** bei der 2. und bei der 3. Konjugation werden die Endungen **-er** bzw. **-ir** durch **-ido** ersetzt.
Ausnahmen → 216, 217.

Aus dem **presente do indicativo** lassen sich ableiten:

a) Imperativo
Die Formen der 2. P. Sg. und Pl. ergeben sich aus den entsprechenden Formen des **indicativo** nach Wegfall des auslautenden **-s** → 128.

b) Presente do conjuntivo
Bei der 1. Konjugation wird die Endung der 1. P. Sg. **-o** durch die Endungen **-e, -es, -e, -emos, -eis, -em** ersetzt, bei der 2. und bei der 3. Konjugation durch die Endungen **-a, -as, -a, -amos, -ais, -am.**
Ausnahmen:

ser – **seja**	querer – **queira**
estar – **esteja**	saber – **saiba**
haver – **haja**	dar – **dê**
ir – **vá**	

Zu beachten ist bei der 1. P. Pl. die Betonung, die entsprechend der Regel → 689, 693 auf der vorletzten Silbe liegt und nicht auf der drittletzten, wie oft irrtümlich angenommen wird.

Aus dem **pretérito perfeito simples** lassen sich ableiten:

a) Pretérito mais-que-perfeito simples
Die Endung der 2. P. Sg. **-ste** wird ersetzt durch **-ra, -ras, -ra, -ramos, -reis, -ram.**

b) Imperfeito do conjuntivo
Die Endung der 2. P. Sg. **-ste** wird ersetzt durch **-sse, -sses, -sse, -ssemos, -sseis, -ssem.**

c) Futuro imperfeito do conjuntivo
Die Endung der 2. P. Sg. **-ste** wird ersetzt durch **-r, -res, -r, -rmos, -rdes, -rem.**
Anmerkung:
Die Endungen des **fut. impf. conj.** und die des **inf. pessoal** sind gleich. Bei den regelmäßigen Verben fallen daher diese beiden Formen zusammen.

15 Konjugationstabelle der Verben *ter, haver, ser*

ter – haben	haver – haben	ser – sein
	Indicativo	
	Presente	
tenho	hei	sou
tens	hás	és
tem	há	é
temos	havemos	somos
tendes	haveis	sois
têm	hão	são
	Pretérito imperfeito	
tinha	havia	era
tinhas	havias	eras
tinha	havia	era
tínhamos	havíamos	éramos
tínheis	havíeis	éreis
tinham	haviam	eram
	Pretérito perfeito simples	
tive	houve	fui
tiveste	houveste	foste
teve	houve	foi
tivemos	houvemos	fomos
tivestes	houvestes	fostes
tiveram	houveram	foram
	Pretérito perfeito composto	
tenho	tenho	tenho
tens	tens	tens
tem	tem	tem
temos	tido	temos	havido	temos	sido
tendes	tendes	tendes
têm	têm	têm

Pretérito mais-que-perfeito simples

tivera	houvera	fora
tiveras	houveras	foras
tivera	houvera	fora
tivéramos	houvéramos	fôramos
tivéreis	houvéreis	fôreis
tiveram	houveram	foram

Pretérito mais-que-perfeito composto

tinha		tinha		tinha	
tinhas		tinhas		tinhas	
tinha	tido	tinha	havido	tinha	sido
tínhamos		tínhamos		tínhamos	
tínheis		tínheis		tínheis	
tinham		tinham		tinham	

Futuro imperfeito

terei	haverei	serei
terás	haverás	serás
terá	haverá	será
teremos	haveremos	seremos
tereis	havereis	sereis
terão	haverão	serão

Futuro perfeito

terei		terei		terei	
terás		terás		terás	
terá	tido	terá	havido	terá	sido
teremos		teremos		teremos	
tereis		tereis		tereis	
terão		terão		terão	

Condicional

Simples

teria	haveria	seria
terias	haverias	serias
teria	haveria	seria
teríamos	haveríamos	seríamos
teríeis	haveríeis	seríeis
teriam	haveriam	seriam

Composto

teria		teria		teria	
terias		terias		terias	
teria	tido	teria	havido	teria	sido
teríamos		teríamos		teríamos	
teríeis		teríeis		teríeis	
teriam		teriam		teriam	

Imperativo

tem	há	sê
tende	havei	sede

Conjuntivo

Presente

tenha	haja	seja
tenhas	hajas	sejas
tenha	haja	seja
tenhamos	hajamos	sejamos
tenhais	hajais	sejais
tenham	hajam	sejam

Pretérito imperfeito

tivesse	houvesse	fosse
tivesses	houvesses	fosses
tivesse	houvesse	fosse
tivéssemos	houvéssemos	fôssemos
tivésseis	houvésseis	fôsseis
tivessem	houvessem	fossem

Pretérito perfeito

tenha		tenha		tenha	
tenhas		tenhas		tenhas	
tenha	tido	tenha	havido	tenha	sido
tenhamos		tenhamos		tenhamos	
tenhais		tenhais		tenhais	
tenham		tenham		tenham	

Pretérito mais-que-perfeito

tivesse		tivesse		tivesse	
tivesses		tivesses		tivesses	
tivesse	tido	tivesse	havido	tivesse	sido
tivéssemos		tivéssemos		tivéssemos	
tivésseis		tivésseis		tivésseis	
tivessem		tivessem		tivessem	

Futuro imperfeito

tiver	houver	for
tiveres	houveres	fores
tiver	houver	for
tivermos	houvermos	formos
tiverdes	houverdes	fordes
tiverem	houverem	forem

Futuro perfeito

tiver		tiver		tiver	
tiveres		tiveres		tiveres	
tiver	tido	tiver	havido	tiver	sido
tivermos		tivermos		tivermos	
tiverdes		tiverdes		tiverdes	
tiverem		tiverem		tiverem	

Infinitivo pessoal

Simples

ter	haver	ser
teres	haveres	seres
ter	haver	ser
termos	havermos	sermos
terdes	haverdes	serdes
terem	haverem	serem

Composto

ter		ter		ter	
teres		teres		teres	
ter	tido	ter	havido	ter	sido
termos		termos		termos	
terdes		terdes		terdes	
terem		terem		terem	

Infinitivo impessoal

Simples

ter   haver   ser

Composto

ter tido   ter havido   ter sido

Particípio

tido   havido   sido

Gerúndio

Simples

tendo   havendo   sendo

Composto

tendo tido   tendo havido   tendo sido

Die zusammengesetzten Zeiten von **haver** werden normalerweise nur in der 3. P. Sg. verwendet. In allen anderen Personen kommen sie kaum vor. Auch der **imperativo** von **haver** ist nicht gebräuchlich.

Übersichtstabelle über die drei Konjugationen

Die regelmäßigen Verben *falar, viver, partir* in den einfachen Zeiten

falar – sprechen	*viver – leben*	*partir – abreisen*

Indicativo

Presente

falo	vivo	parto
falas	vives	partes
fala	vive	parte
falamos	vivemos	partimos
falais	viveis	partis
falam	vivem	partem

Pretérito imperfeito

falava	vivia	partia
falavas	vivias	partias
falava	vivia	partia
falávamos	vivíamos	partíamos
faláveis	vivíeis	partíeis
falavam	viviam	partiam

Pretérito perfeito simples

falei	vivi	parti
falaste	viveste	partiste
falou	viveu	partiu
falámos	vivemos	partimos
falastes	vivestes	partistes
falaram	viveram	partiram

Pretérito mais-que-perfeito simples

falara	vivera	partira
falaras	viveras	partiras
falara	vivera	partira
faláramos	vivêramos	partíramos
faláreis	vivêreis	partíreis
falaram	viveram	partiram

Futuro imperfeito

falarei	viverei	partirei
falarás	viverás	partirás
falará	viverá	partirá
falaremos	viveremos	partiremos
falareis	vivereis	partireis
falarão	viverão	partirão

Condicional

falaria	viveria	partiria
falarias	viverias	partirias
falaria	viveria	partiria
falaríamos	viveríamos	partiríamos
falaríeis	viveríeis	partiríeis
falariam	viveriam	partiriam

Imperativo

fala	vive	parte
falai	vivei	parti

Conjuntivo

Presente

fale	viva	parta
fales	vivas	partas
fale	viva	parta
falemos	vivamos	partamos
faleis	vivais	partais
falem	vivam	partam

Pretérito imperfeito

falasse	vivesse	partisse
falasses	vivesses	partisses
falasse	vivesse	partisse
falássemos	vivêssemos	partíssemos
falásseis	vivêsseis	partísseis
falassem	vivessem	partissem

Futuro imperfeito

falar	viver	partir
falares	viveres	partires
falar	viver	partir
falarmos	vivermos	partirmos
falardes	viverdes	partirdes
falarem	viverem	partirem

Infinitivo pessoal

falar	viver	partir
falares	viveres	partires
falar	viver	partir
falarmos	vivermos	partirmos
falardes	viverdes	partirdes
falarem	viverem	partirem

Infinitivo impessoal

falar	viver	partir

Particípio

falado	vivido	partido

Gerúndio

falando	vivendo	partindo

17 Konjugationsmodell für ein reflexives Verb

lembrar-se (sich erinnern)

Indicativo

Presente
lembro-me
lembras-te
lembra-se
lembramo-nos
lembrais-vos
lembram-se

Imperfeito
lembrava-me
lembravas-te
lembrava-se
lembrávamo-nos
lembráveis-vos
lembravam-se

Pretérito perfeito simples
lembrei-me
lembraste-te
lembrou-se
lembrámo-nos
lembrastes-vos
lembraram-se

Pretérito perfeito composto
tenho-me ⎫
tens-te ⎪
tem-se ⎬ lembrado
temo-nos ⎪
tendes-vos ⎪
têm-se ⎭

Pretérito mais-que-perfeito simples
lembrara-me
lembraras-te
lembrara-se
lembráramo-nos
lembráreis-vos
lembraram-se

Pretérito mais-que-perfeito composto
tinha-me ⎫
tinhas-te ⎪
tinha-se ⎬ lembrado
tínhamo-nos ⎪
tínheis-vos ⎪
tinham-se ⎭

Futuro imperfeito
lembrar-me-ei
lembrar-te-ás
lembrar-se-á
lembrar-nos-emos
lembrar-vos-eis
lembrar-se-ão

Futuro perfeito
ter-me-ei ⎫
ter-te-ás ⎪
ter-se-á ⎬ lembrado
ter-nos-emos ⎪
ter-vos-eis ⎪
ter-se-ão ⎭

Condicional

Simples
lembrar-me-ia
lembrar-te-ias
lembrar-se-ia
lembrar-nos-íamos
lembrar-vos-íeis
lembrar-se-iam

Composto
ter-me-ia
ter-te-ias
ter-se-ia
ter-nos-íamos
.ter-vos-íeis
ter-se-iam
$\left.\rule{0pt}{5em}\right\}$ lembrado

Imperativo

lembra-te!
lembrai-vos!

Conjuntivo

Presente
me lembre
te lembres
se lembre
nos lembremos
vos lembreis
se lembrem

Imperfeito
me lembrasse
te lembrasses
se lembrasse
nos lembrássemos
vos lembrásseis
se lembrassem

Pretérito perfeito
me tenha
te tenhas
se tenha
nos tenhamos
vos tenhais
se tenham
$\left.\rule{0pt}{5em}\right\}$ lembrado

Pretérito mais-que-perfeito
me tivesse
te tivesses
se tivesse
nos tivéssemos
vos tivésseis
se tivessem
$\left.\rule{0pt}{5em}\right\}$ lembrado

Futuro imperfeito
me lembrar
te lembrares
se lembrar
nos lembrarmos
vos lembrardes
se lembrarem

Futuro perfeito
me tiver
te tiveres
se tiver
nos tivermos
vos tiverdes
se tiverem
$\left.\rule{0pt}{5em}\right\}$ lembrado

Infinitivo pessoal

Simples

lembrar-me
lembrares-te
lembrar-se
lembramo-nos
lembrardes-vos
lembrarem-se

Composto

ter-me
teres-te
ter-se
termo-nos
terdes-vos
terem-se

} lembrado

Infinitivo impessoal

Simples

lembrar-se

Composto

ter-se lembrado

Particípio

lembrado

Gerúndio

Simples

lembrando-se

Composto

tendo-se lembrado

Im Konjunktiv stehen die Objektformen des Personalpronomens vor den Verbalformen, weil diese im allgemeinen in Nebensätzen vorkommen → 393.

Konjugationsmodell für ein Verb verbunden mit einem Personalpronomen

comprá-lo (es kaufen)

Indicativo

Presente
compro-o
compra-lo
compra-o
compramo-lo
comprai-lo
compram-no

Imperfeito
comprava-o
comprava-lo
comprava-o
comprávamo-lo
comprávei-lo
compravam-no

Pretérito perfeito simples
comprei-o
compraste-o
comprou-o
comprámo-lo
compraste-lo
compraram-no

Pretérito perfeito composto
tenho-o
tem-lo
tem-no
temo-lo ⎫
tende-lo ⎬ comprado
têm-no ⎭

Pretérito mais-que-perfeito simples
comprara-o
comprara-lo
comprara-o
compráramo-lo
comprárei-lo
compraram-no

Pretérito mais-que-perfeito composto
tinha-o
tinha-lo
tinha-o
tínhamo-lo ⎫
tínhei-lo ⎬ comprado
tinham-no ⎭

Futuro imperfeito
comprá-lo-ei
comprá-lo-ás
comprá-lo-á
comprá-lo-emos
comprá-lo-eis
comprá-lo-ão

Futuro perfeito
tê-lo-ei ⎫
tê-lo-ás
tê-lo-á
tê-lo-emos ⎬ comprado
tê-lo-eis
tê-lo-ão ⎭

Condicional

Simples
comprá-lo-ia
comprá-lo-ias
comprá-lo-ia
comprá-lo-íamos
comprá-lo-íeis
comprá-lo-iam

Composto
tê-lo-ia
tê-lo-ias
tê-lo-ia
tê-lo-íamos } comprado
tê-lo-íeis
tê-lo-iam

Imperativo

compra-o!
comprai-o!

Conjuntivo

Presente
o compre
o compres
o compre
o compremos
o compreis
o comprem

Imperfeito
o comprasse
o comprasses
o comprasse
o comprássemos
o comprásseis
o comprassem

Pretérito perfeito
o tenha
o tenhas
o tenha
o tenhamos } comprado
o tenhais
o tenham

Pretérito mais-que-perfeito
o tivesse
o tivesses
o tivesse
o tivéssemos } comprado
o tivésseis
o tivessem

Futuro imperfeito
o comprar
o comprares
o comprar
o comprarmos
o comprardes
o comprarem

Futuro perfeito
o tiver
o tiveres
o tiver
o tivermos } comprado
o tiverdes
o tiverem

Infinitivo pessoal

Simples	Composto	
comprá-lo	tê-lo	
comprare-lo	tere-lo	
comprá-lo	tê-lo	
comprarmo-lo	termo-lo	comprado
comprarde-lo	terde-lo	
comprarem-no	terem-no	

Infinitivo impessoal

Simples
comprá-lo

Composto
tê-lo comprado

Particípio

comprado

Gerúndio

Simples
comprando-o

Composto
tendo-o comprado

Zur Stellung der Objektformen des Personalpronomens vgl. → 388–397.

Bemerkungen zur Konjugation bestimmter Verben

Orthographische Veränderungen

19 Bei einigen Verben ergeben sich durch das Beibehalten der Aussprache des Verbalstammes orthographische Veränderungen. Die als Beispiele angeführten Formen stehen ohne Angabe der betreffenden Zeit bzw. des Modus.

20 ficar – fiquei, fique
marcar – marquei, marque

> Bei den Verben auf **-car** wird das **c** vor **e** durch **qu** ersetzt.

21 chegar – cheguei, chegue
pagar – paguei, pague

> Bei den Verben auf **-gar** wird das **g** vor **e** durch **gu** ersetzt.

22 começar – comecei, comece
traçar – tracei, trace

> Bei den Verben auf **-çar** fällt vor **e** die **cedilha** (Häkchen) weg.

23 conhecer – conheço, conheça
ressarcir – ressarço, ressarça

> Bei den Verben auf **-cer** und **-cir** erhält das **c** vor **a** oder **o** eine **cedilha**.

24 proteger – protejo, proteja
fugir – fujo, fuja

> Bei den Verben auf **-ger** und **-gir** wird das **g** vor **a** oder **o** durch **j** ersetzt.

25 erguer – ergo, erga
conseguir – consigo, consiga

> Bei den Verben auf **-guer** und **-guir** fällt vor **a** oder **o** das **u** weg.

Orthographische und phonetische Veränderungen

Verben der 1. Konjugation

passear – passeio, passeia, aber: passeamos, passeava   **26**
recear – receio, receia, aber: receamos, receava

> Bei den Verben auf **-ear** wird nach dem **e** ein **i** eingeschoben, wenn das **e** betont ist.

odiar – odeio, odeias, odeia, odiamos, odiais, odeiam   **27**

> Einige Verben auf **-iar** werden im Sg. und in der 3. P. Pl. des **pres. ind.**, im Sg. des **imperativo** und im ganzen **pres. conj.** wie die Verben auf **-ear** konjugiert.
> Die Konjugation der meisten Verben auf **-iar** ist jedoch regelmäßig.

Dazu gehören: *ansiar, incendiar, mediar, remediar.*

Einige Verben, wie **agenciar, cadenciar, comerciar, licenciar, negociar, premiar, presenciar** können auf beide Arten konjugiert werden.

boiar – bóio, bóias, bóia, bóiam, bóie, etc.   **28**

> Einige Verben auf **-oiar** öffnen das **o** in den Formen, in denen es betont wird. Es erhält dann einen Akut. Andere aber haben in allen Konjugationsformen ein geschlossenes **o**, wie z. B. **apoiar.**

Dazu gehören: *comboiar, engoiar*

Verben der 2. Konjugation

moer – moo, móis, mói, etc.   **29**

> Die Verben auf **-oer** bilden die 2. und 3. P. Sg. des **pres. ind.** auf **-óis** bzw. **ói.**

Ebenso: *doer, roer*

beber – bebo [e], beba [e], bebas [e]   **30**
          bebes [ɛ], bebe [ɛ], bebem [ɛ]
comer – como [o], coma [o], comas [o]
          comes [ɔ], come [ɔ], comem [ɔ]

Bei den Verben auf **-er** mit **e** oder **o** in der vorletzten Silbe ist die Aussprache zu beachten. In den Verbformen, in denen diese Vokale betont werden, sind sie vor **o** und **a** der nächsten Silbe geschlossen, vor **e** jedoch offen auszusprechen.

Die Verben **esquecer** und **aquecer** aber bewahren das offene **e** in allen Formen, ob in betonter oder unbetonter Silbe.

Verben der 3. Konjugation

31 construir – constrói/construis
        constrói/construi
        constroem/construem

Bei den Verben **construir, destruir und reconstruir** sind in der 2. und 3. P. Sg. und in der 3. P. Pl. des **pres. ind.**, sowie in der 2. P. Sg. des **imperativo** zwei Formen möglich. Die Formen mit **u** sind jedoch weniger gebräuchlich.

32 conduzir – *pres. ind.:* conduzo, conduzes, conduz, etc.
        imperativo: conduz/conduze

Die Verben auf **-zir** verlieren die Endung **e** in der 3. P. Sg. des **pres. ind.**; in der 2. P. Sg. **imperativo** hingegen kann diese Endung wegfallen oder auch beibehalten werden, wobei die Formen mit der Endung **e** heute schon wenig gebräuchlich sind.

Ebenso: *produzir, traduzir, reduzir, induzir, aduzir,* etc.

Aber: franzir – franze (3. P. Sg. *pres. ind.* oder 2. P. Sg. *imperativo*)
Steht vor der Endung **-zir** ein Konsonant, so bleibt das **e** sowohl in der 3. P. Sg. **pres. ind.** als auch in der 2. P. Sg. des **imperativo** erhalten.

33 cair – caio, caia, caias, caia, caiamos, caiais, caiam

Bei den Verben auf **-air** wird in den Formen, deren Endung mit **a** oder mit **o** beginnt, zwischen Stamm und Endung ein **i** eingeschoben.

In der 2. und 3. P. Sg. **pres. ind.** steht statt des erwarteten **e** dieser Konjugation ein **i**: cais, cai.
Ebenso werden konjugiert: *sair, esvair, atrair, extrair, contrair,* etc.

Die unregelmäßigen Verben (Os verbos irregulares)

Einige Verben der 3. und wenige der 2. Konjugation sind nur unregelmäßig im **pres. ind.**, **34**
im **pres. conj.** und zum Teil im **imperativo**.

Alle Verben auf **-air** werden analog zu **cair** bzw. **sair** konjugiert → 33. **35**

36

sentir – fühlen
pres. ind.: sinto, sentes, sente, sentimos, sentis, sentem
pres. conj.: sinta, sintas, sinta, sintamos, sintais, sintam

dormir – schlafen
pres. ind.: durmo, dormes, dorme, dormimos, dormis, dormem
pres. conj.: durma, durmas, durma, durmamos, durmais, durmam

> Bei einigen Verben wird betontes **e** zu **i** und betontes **o** zu **u** in der 1. P. Sg. des **pres.**
> **ind.** und in allen Personen des **pres. conj.**

Ebenso: *aderir, despir, ferir, mentir, reflectir, seguir, servir, vestir, sugerir, cobrir, tossir*

prevenir – vorbeugen, warnen **37**
pres. ind.: previno, prevines, previne, prevenimos, prevenis, previnem
pres. conj.: previna, previnas, previna, previnamos, previnais, previnam
imperativo: previne

> Bei einigen Verben wird das **e** der betonten Silbe zu **i** in den drei Personen des Sg.
> und in der 3. P. Pl. des **pres. ind.**, in allen Personen des **pres. conj.** und in der 2. P.
> Sg. des **imperativo**.

Ebenso: *agredir, progredir, transgredir*

consumir – verbrauchen **38**
pres. ind.: consumo, consomes, consome, consumimos, consumis, consomem
imperativo: consome

> Bei manchen Verben wird das **u** in der betonten Silbe zu offenem **o** in der 2. und
> 3. P. Sg. und in der 3. P. Pl. des **pres. ind.** sowie in der 2. P. Sg. des **imperativo**.

Ebenso: *acudir, cuspir, fugir → 24, sacudir, sumir*

39 **medir – messen**

pres. ind.: meço, medes, mede, medimos, medis, medem
pres. conj.: meça, meças, meça, meçamos, meçais, meçam

ouvir – hören

pres. ind.: oiço/ouço, ouves, ouve, ouvimos, ouvis, ouvem
pres. conj.: oiça, oiças, oiça, oiçamos, oiçais, oiçam
oder: ouça, ouças, ouça, ouçamos, ouçais, ouçam

pedir – bitten

pres. ind.: peço, pedes, pede, pedimos, pedis, pedem
pres. conj.: peça, peças, peça, peçamos, peçais, peçam

perder – verlieren

pres. ind.: perco, perdes, perde, perdemos, perdeis, perdem
pres. conj.: perca, percas, perca, percamos, percais, percam

valer – gelten, wert sein

pres. ind.: valho, vales, vale, valemos, valeis, valem
pres. conj.: valha, valhas, valha, valhamos, valhais, valham

Bei einer kleinen Gruppe von Verben ändert sich der Konsonant, der die betonte Silbe des Infinitivs einleitet, und zwar in der 1. P. Sg. **pres. ind.** und in allen Personen des **pres. conj.**

Alphabetische Aufstellung der unregelmäßigen Verben

40 *caber – Platz haben, hineingehen*

Indicativo

pres.: caibo, cabes, cabe, cabemos, cabeis, cabem
impf.: cabia, cabias, cabia, cabíamos, cabíeis, cabiam
pret. perf. s.: coube, coubeste, coube, coubemos, coubestes, couberam
pret. m.-q.-perf. s.: coubera, couberas, coubera, coubéramos, coubéreis, couberam
fut. impf.: caberei, caberás, caberá, caberemos, cabereis, caberão

Condicional

caberia, caberias, caberia, caberíamos, caberíeis, caberiam

Imperativo
cabe, cabei

Conjuntivo
pres.: caiba, caibas, caiba, caibamos, caibais, caibam
impf.: coubesse, coubesses, coubesse, coubéssemos, coubésseis, coubessem
fut. impf.: couber, couberes, couber, coubermos, couberdes, couberem

Infinitivo pessoal
caber, caberes, caber, cabermos, caberdes, caberem

Particípio
cabido

Gerúndio
cabendo

cair – fallen   41

Indicativo
pres.: caio, cais, cai, caímos, caís, caem
impf.: caía, caías, caía, caíamos, caíeis, caíam
pret. perf. s.: caí, caíste, caiu, caímos, caístes, caíram
pret. m.-q.-perf. s.: caíra, caíras, caíra, caíramos, caíreis, caíram
fut. impf.: cairei, cairás, cairá, cairemos, caireis, cairão

Condicional
cairia, cairias, cairia, cairíamos, cairíeis, cairiam

Imperativo
cai, caí

Conjuntivo
pres.: caia, caias, caia, caiamos, caiais, caiam
impf.: caísse, caísses, caísse, caíssemos, caísseis, caíssem
fut. impf.: cair, caíres, cair, cairmos, cairdes, caírem

Infinitivo pessoal
cair, caíres, cair, cairmos, cairdes, caírem

Particípio
caído

Gerúndio
caindo

42 *crer – glauben*

Indicativo
pres.: creio, crês, crê, cremos, credes, crêem
impf.: cria, crias, cria, críamos, críeis, criam
pret. perf. s.: cri, creste, creu, cremos, crestes, creram
pret. m.-q.-perf. s.: crera, creras, crera, crêramos, crêreis, creram
fut. impf.: crerei, crerás, crerá, creremos, crereis, crerão

Condicional
creria, crerias, creria, creríamos, creríeis, creriam

Imperativo
crê, crede

Conjuntivo
pres.: creia, creias, creia, creiamos, creiais, creiam
impf.: cresse, cresses, cresse, crêssemos, crêsseis, cressem
fut. impf.: crer, creres, crer, crermos, crerdes, crerem

Particípio
crido

Gerúndio
crendo

43 *dar – geben*

Indicativo
pres.: dou, dás, dá, damos, dais, dão
impf.: dava, davas, dava, dávamos, dáveis, davam
pret. perf. s.: dei, deste, deu, demos, destes, deram
pret. m.-q.-perf. s.: dera, deras, dera, déramos, déreis, deram
fut. impf.: darei, darás, dará, daremos, dareis, darão

Condicional
daria, darias, daria, daríamos, daríeis, dariam

Imperativo
dá, dai

Conjuntivo
pres.: dê, dês, dê, dêmos, deis, dêem
impf.: desse, desses, desse, déssemos, désseis, dessem
fut. impf.: der, deres, der, dermos, derdes, derem

Infinitivo pessoal
dar, dares, dar, darmos, dardes, darem

Particípio
dado

Gerúndio
dando

dizer – sagen   44

Indicativo
pres.: digo, dizes, diz, dizemos, dizeis, dizem
impf.: dizia, dizias, dizia, dizíamos, dizíeis, diziam
pret. perf. s.: disse, disseste, disse, dissemos, dissestes, disseram
pret. m.-q.-perf. s.: dissera, disseras, dissera, disséramos, disséreis, disseram
fut. impf.: direi, dirás, dirá, diremos, direis, dirão

Condicional
diria, dirias, diria, diríamos, diríeis, diriam

Imperativo
diz(e), dizei

Conjuntivo
pres.: diga, digas, diga, digamos, digais, digam
impf.: dissesse, dissesses, dissesse, disséssemos, dissésseis, dissessem
fut. impf.: disser, disseres, disser, dissermos, disserdes, disserem

Infinitivo pessoal
dizer, dizeres, dizer, dizermos, dizerdes, dizerem

Particípio
dito

Gerúndio
dizendo

estar – sein, sich befinden   45

Indicativo
pres.: estou, estás, está, estamos, estais, estão
impf.: estava, estavas, estava, estávamos, estáveis, estavam
pret. perf. s.: estive, estiveste, esteve, estivemos, estivestes, estiveram
pret. m.-q.-perf. s.: estivera, estiveras, estivera, estivéramos, estivéreis, estiveram
fut. impf.: estarei, estarás, estará, estaremos, estareis, estarão

Condicional
estaria, estarias, estaria, estaríamos, estaríeis, estariam

Imperativo
está, estai

Conjuntivo
pres.: esteja, estejas, esteja, estejamos, estejais, estejam
impf.: estivesse, estivesses, estivesse, estivéssemos, estivésseis, estivessem
fut. impf.: estiver, estiveres, estiver, estivermos, estiverdes, estiverem

Infinitivo pessoal
estar, estares, estar, estarmos, estardes, estarem

Particípio
estado

Gerúndio
estando

46 *fazer – machen, tun*

Indicativo
pres.: faço, fazes, faz, fazemos, fazeis, fazem
impf.: fazia, fazias, fazia, fazíamos, fazíeis, faziam
pret. perf. s.: fiz, fizeste, fez, fizemos, fizestes, fizeram
pret. m.-q.-perf. s.: fizera, fizeras, fizera, fizéramos, fizéreis, fizeram
fut. impf.: farei, farás, fará, faremos, fareis, farão

Condicional
faria, farias, faria, faríamos, faríeis, fariam

Imperativo
faz(e), fazei

Conjuntivo
pres.: faça, faças, faça, façamos, façais, façam
impf.: fizesse, fizesses, fizesse, fizéssemos, fizésseis, fizessem
fut. impf.: fizer, fizeres, fizer, fizermos, fizerdes, fizerem

Infinitivo pessoal
fazer, fazeres, fazer, fazermos, fazerdes, fazerem

Particípio
feito

Gerúndio
fazendo

haver – haben → 15

ir – gehen, fahren 47

Indicativo
pres.: vou, vais, vai, vamos, ides, vão
impf.: ia, ias, ia, íamos, íeis, iam
pret. perf. s.: fui, foste, foi, fomos, fostes, foram
pret. m.-q.-perf. s.: fora, foras, fora, fôramos, fôreis, foram
fut. impf.: irei, irás, irá, iremos, ireis, irão

Condicional
iria, irias, iria, iríamos, iríeis, iriam

Imperativo
vai, ide

Conjuntivo
pres.: vá, vás, vá, vamos, vades, vão
impf.: fosse, fosses, fosse, fôssemos, fôsseis, fossem
fut. impf.: for, fores, for, formos, fordes, forem

Infinitivo pessoal
ir, ires, ir, irmos, irdes, irem

Particípio
ido

Gerúndio
indo

ler – lesen 48

Indicativo
pres.: leio, lês, lê, lemos, ledes, lêem
impf.: lia, lias, lia, líamos, líeis, liam
pret. perf. s.: li, leste, leu, lemos, lestes, leram
pret. m.-q.-perf. s.: lera, leras, lera, lêramos, lêreis, leram
fut. impf.: lerei, lerás, lerá, leremos, lereis, lerão

Condicional
leria, lerias, leria, leríamos, leríeis, leriam

Imperativo
lê, lede

Conjuntivo
pres.: leia, leias, leia, leiamos, leiais, leiam
impf.: lesse, lesses, lesse, lêssemos, lêsseis, lessem
fut. impf.: ler, leres, ler, lermos, lerdes, lerem

Infinitivo pessoal
ler, leres, ler, lermos, lerdes, lerem

Particípio
lido

Gerúndio
lendo

49 *poder – können, dürfen*

Indicativo
pres.: posso, podes, pode, podemos, podeis, podem
impf.: podia, podias, podia, podíamos, podíeis, podiam
pret. perf. s.: pude, pudeste, pôde, pudemos, pudestes, puderam
pret. m.-q.-perf. s.: pudera, puderas, pudera, pudéramos, pudéreis, puderam
fut. impf.: poderei, poderás, poderá, poderemos, podereis, poderão

Condicional
poderia, poderias, poderia, poderíamos, poderíeis, poderiam

Imperativo
pode, podei

Conjuntivo
pres.: possa, possas, possa, possamos, possais, possam
impf.: pudesse, pudesses, pudesse, pudéssemos, pudésseis, pudessem
fut. impf.: puder, puderes, puder, pudermos, puderdes, puderem

Infinitivo pessoal
poder, poderes, poder, podermos, poderdes, poderem

Particípio
podido

Gerúndio
podendo

pôr – legen, setzen, stellen

50

Indicativo

pres.: ponho, pões, põe, pomos, pondes, põem
impf.: punha, punhas, punha, púnhamos, púnheis, punham
pret. perf. s.: pus, puseste, pôs, pusemos, pusestes, puseram
pret. m.-q.-perf. s.: pusera, puseras, pusera, puséramos, puséreis, puseram
fut. impf.: porei, porás, porá, poremos, poreis, porão

Condicional

poria, porias, poria, poríamos, poríeis, poriam

Imperativo

põe, ponde

Conjuntivo

pres.: ponha, ponhas, ponha, ponhamos, ponhais, ponham
impf.: pusesse, pusesses, pusesse, puséssemos, pusésseis, pusessem
fut. impf.: puser, puseres, puser, pusermos, puserdes, puserem

Infinitivo pessoal

pôr, pores, pôr, pormos, pordes, porem

Particípio

posto

Gerúndio

pondo

querer – wollen

51

Indicativo

pres.: quero, queres, quer, queremos, quereis, querem
impf.: queria, querias, queria, queríamos, queríeis, queriam
pret. perf. s.: quis, quiseste, quis, quisemos, quisestes, quiseram
pret. m.-q.-perf. s.: quisera, quiseras, quisera, quiséramos, quiséreis, quiseram
fut. impf.: quererei, quererás, quererá, quereremos, querereis, quererão

Condicional

quereria, quererias, quereria, quereríamos, quereríeis, quereriam

Imperativo

quer, querei

Conjuntivo

pres.: queira, queiras, queira, queiramos, queirais, queiram
impf.: quisesse, quisesses, quisesse, quiséssemos, quisésseis, quisessem
fut. impf.: quiser, quiseres, quiser, quisermos, quiserdes, quiserem

Infinitivo pessoal

querer, quereres, querer, querermos, quererdés, quererem

Particípio

querido

Gerúndio

querendo

52 *rir - lachen*

Indicativo

pres.: rio, ris, ri, rimos, rides, riem
impf.: ria, rias, ria, ríamos, ríeis, riam
pret. perf. s.: ri, riste, riu, rimos, ristes, riram
pret. m.-q.-perf. s.: rira, riras, rira, ríramos, ríreis, riram
fut. impf.: rirei, rirás, rirá, riremos, rireis, rirão

Condicional

riria, ririas, riria, riríamos, riríeis, ririam

Imperativo

ri, ride

Conjuntivo

pres.: ria, rias, ria, riamos, riais, riam
impf.: risse, risses, risse, ríssemos, rísseis, rissem
fut. impf.: rir, rires, rir, rirmos, rirdes, rirem

Infinitivo pessoal

rir, rires, rir, rirmos, rirdes, rirem

Particípio

rido

Gerúndio

rindo

saber – wissen, können   53

Indicativo

pres.: sei, sabes, sabe, sabemos, sabeis, sabem
impf.: sabia, sabias, sabia, sabíamos, sabíeis, sabiam
pret. perf. s.: soube, soubeste, soube, soubemos, soubestes, souberam
pret. m.-q.-perf. s.: soubera, souberas, soubera, soubéramos, soubéreis, souberam
fut. impf.: saberei, saberás, saberá, saberemos, sabereis, saberão

Condicional

saberia, saberias, saberia, saberíamos, saberíeis, saberiam

Imperativo

sabe, sabei

Conjuntivo

pres.: saiba, saibas, saiba, saibamos, saibais, saibam
impf.: soubesse, soubesses, soubesse, soubéssemos, soubésseis, soubessem
fut. impf.: souber, souberes, souber, soubermos, souberdes, souberem

Infinitivo pessoal

saber, saberes, saber, sabermos, saberdes, saberem

Particípio

sabido

Gerúndio

sabendo

sair – hinausgehen   54

Indicativo

pres.: saio, sais, sai, saímos, saís, saem
impf.: saía, saías, saía, saíamos, saíeis, saíam
pret. perf. s.: saí, saíste, saiu, saímos, saístes, saíram
pret. m.-q.-perf. s.: saíra, saíras, saíra, saíramos, saíreis, saíram
fut. impf.: sairei, sairás, sairá, sairemos, saireis, sairão

Condicional

sairia, sairias, sairia, sairíamos, sairíeis, sairiam

Imperativo

sai, saí

Conjuntivo

pres.: saia, saias, saia, saiamos, saiais, saiam
impf.: saísse, saísses, saísse, saíssemos, saísseis, saíssem
fut. impf.: sair, saíres, sair, sairmos, sairdes, saírem

Infinitivo pessoal

sair, saíres, sair, sairmos, sairdes, saírem

Particípio

saído

Gerúndio

saindo

ser – sein → 15

ter – haben → 15

55 *trazer – bringen*

Indicativo

pres.: trago, trazes, traz, trazemos, trazeis, trazem
impf.: trazia, trazias, trazia, trazíamos, trazíeis, traziam
pret. perf. s.: trouxe, trouxeste, trouxe, trouxemos, trouxestes, trouxeram
pret. m.-q.-perf. s.: trouxera, trouxeras, trouxera, trouxéramos, trouxéreis, trouxeram
fut. impf.: trarei, trarás, trará, traremos, trareis, trarão

Condicional

traria, trarias, traria, traríamos, traríeis, trariam

Imperativo

traz(e), trazei

Conjuntivo

pres.: traga, tragas, traga, tragamos, tragais, tragam
impf.: trouxesse, trouxesses, trouxesse, trouxéssemos, trouxésseis, trouxessem
fut. impf.: trouxer, trouxeres, trouxer, trouxermos, trouxerdes, trouxerem

Infinitivo pessoal

trazer, trazeres, trazer, trazermos, trazerdes, trazerem

Particípio

trazido

Gerúndio

trazendo

ver – sehen   56

Indicativo
pres.: vejo, vês, vê, vemos, vedes, vêem
impf.: via, vias, via, víamos, víeis, viam
pret. perf. s.: vi, viste, viu, vimos, vistes, viram
pret. m.-q.-perf. s.: vira, viras, vira, víramos, víreis, viram
fut. impf.: verei, verás, verá, veremos, vereis, verão

Condicional
veria, verias, veria, veríamos, veríeis, veriam

Imperativo
vê, vede

Conjuntivo
pres.: veja, vejas, veja, vejamos, vejais, vejam
impf.: visse, visses, visse, víssemos, vísseis, vissem
fut. impf.: vir, vires, vir, virmos, virdes, virem

Infinitivo pessoal
ver, veres, ver, vermos, verdes, verem

Particípio
visto

Gerúndio
vendo

vir – kommen   57

Indicativo
pres.: venho, vens, vem, vimos, vindes, vêm
impf.: vinha, vinhas, vinha, vínhamos, vínheis, vinham
pret. perf. s.: vim, vieste, veio, viemos, viestes, vieram
pret. m.-q.-perf. s.: viera, vieras, viera, viéramos, viéreis, vieram
fut. impf.: virei, virás, virá, viremos, vireis, virão

Condicional
viria, virias, viria, viríamos, viríeis, viriam

Imperativo
vem, vinde

Conjuntivo

pres.: venha, venhas, venha, venhamos, venhais, venham

impf.: viesse, viesses, viesse, viéssemos, viésseis, viessem

fut. impf.: vier, vieres, vier, viermos, vierdes, vierem

Infinitivo pessoal

vir, vires, vir, virmos, virdes, virem

Particípio

vindo

Gerúndio

vindo

Defektive Verben (Verbos defectivos)

58 Die portugiesische Sprache unterscheidet drei Arten von defektiven Verben:

Verbos
{
defectivos pessoais   persönliche
defectivos unipessoais   einpersönliche
defectivos impessoais   unpersönliche
}
defektive Verben

Persönliche defektive Verben

59 Bei diesen Verben wird die Bildung gewisser Formen vermieden, sei es, um Mißverständnisse auszuschließen, sei es, um einem Bedürfnis nach Wohlklang zu entsprechen.

60 **abolir** – abschaffen

pres. ind.: –, –, –, abolimos, abolis, –

impf. ind.: abolia, abolias, abolia, etc.

imperativo: –, aboli

pres. conj.: –, –, –, –, –, –

> Es werden nur jene Formen gebildet, deren Endung mit **i** beginnt. Demnach fehlen die drei Personen des Sg. und die 3. P. Pl. des **pres. ind.**, die 2. P. Sg. des **imperativo** und das gesamte **pres. conj.**
> Alle anderen Zeiten werden regelmäßig konjugiert. Die ungebräuchlichen Formen werden durch jene synonymer Verben ersetzt.

adir	hinzufügen	extorquir	herausziehen
banir	verbannen	falir	in Konkurs gehen
carpir	sich beklagen	florir	blühen
colorir	färben	gerir	leiten
demolir	zerstören	munir	versorgen
escapulir	entwischen	retorquir	entgegnen

emergir – auftauchen　　　　　　　　　　　　　　　　　　　**61**
pres. ind.: –, emerges, emerge, emergimos, emergis, emergem
pres. conj.: –, –, –, –, –, –

> Es werden nur jene Formen gebildet, deren Endung mit **i** oder **e** beginnt. Es fehlen die 1. P. Sg. des **pres. ind.** und alle Formen des **pres. conj.** Alle anderen Formen sind regelmäßig.

Ebenso:
fulgir　　　leuchten
submergir　überschwemmen/untertauchen
imergir　　eintauchen

Auch beim Verb **precaver** – vorbeugen/verhüten fehlen die 1. P. Sg. **pres. ind.** und alle Formen des **pres. conj.**

reaver – wiederbekommen　　　　　　　　　　　　　　　　**62**
pres. ind.: –, –, –, reavemos, reaveis, –
imperativo: –, reavei
pres. conj.: –, –, –, –, –, –

> Es werden nur jene Formen verwendet, die den Konsonanten **v** von **haver** bewahren. Es fehlen demnach die drei Personen Sg. und die 3. P. Pl. des **pres. ind.**, die 2. P. Sg. des **imperativo** und alle Personen des **pres. conj.**

remir – ablösen　　　　　　　　　　　　　　　　　　　　**63**
pres. ind.: –, –, –, remimos, remis, –
imperativo: –, remi
pres. conj.: –, –, –, –, –, –

> Es werden nur jene Formen verwendet, deren Endung mit **i** beginnt. Daher fehlen die drei Personen Sg. und die 3. P. Pl. des **pres. ind.**, die 2. P. Sg. des **imperativo** und das gesamte **pres. conj.** Die fehlenden, stammbetonten Formen werden durch jene des Verbs **redimir** ersetzt.

64 **adequar** – angleichen
pres. ind.: –, –, –, adequamos, adequais, –
imperativo: –, adequai
pres. conj.: –, –, –, –, –, –

> Beim Verb **adequar** fehlen die drei Personen Sg. und die 3. P. Pl. des **pres. ind.**, die 2. P. Sg. des **imperativo** und alle Formen des **pres. conj.** Die übrigen Formen sind regelmäßig.

Einpersönliche defektive Verben

65 O cão ladra.   Der Hund bellt.
Os lobos uivam.   Die Wölfe heulen.
São coisas que acontecem.   Solche Dinge kommen vor.

> Diese Verben werden im allgemeinen nur in der 3. P. Sg. und Pl. verwendet. Sie drücken Tierstimmen aus oder bezeichnen Ereignisse und Geschehen.

Weitere Verben:

grunhir	grunzen	
miar	miauen	
relinchar	wiehern	
rugir	brüllen	
zurrar	iahen	

acontecer
ocorrer   }   sich ereignen/geschehen
suceder

Unpersönliche defektive Verben

66 Nesta região chove sempre muito.   In dieser Gegend regnet es immer stark.
Agora já anoitece mais cedo.   Jetzt wird es schon früher Nacht.
Praza a Deus que tudo corra bem.   Gebe/Gefalle es Gott, daß alles gut geht.

Bei diesen Verben wird das Subjekt nicht ausgedrückt. Es handelt sich vor allem um solche, die Naturerscheinungen bezeichnen. Im Deutschen steht das grammatische Subjekt „es".

Weitere Verben:

aprazer	gefallen	amanhecer	Tag werden
nevar	schneien	entardecer	Abend werden
trovejar	donnern		

In einzelnen Fällen werden diese Verben metaphorisch in allen Personen verwendet:

Ó nuvens, chovei!   O regnet, Wolken!

Anmerkung:

Einige Verben können in einer ganz bestimmten Bedeutung unpersönlich gebraucht werden:

há vinte anos	seit/vor zwanzig Jahren
há muito tempo	seit langem
está frio	es ist kalt
são 11 horas	es ist 11 Uhr
faz sol	es ist sonnig
há	es gibt

Das Passiv (A voz passiva)

Estes sapatos foram escolhidos por mim.   Diese Schuhe wurden von mir ausgewählt. **67**

Das Portugiesische bildet das Passiv im allgemeinen mit dem Hilfsverb **ser** und dem **particípio,** welches in Geschlecht und Zahl mit dem Subjekt übereinstimmt. Dem Urheber der Handlung geht die Präposition **por** (in seltenen Fällen **de**) voran → 212.

Weitere Beispiele:

A obra do professor que morreu vai ser continuada pelos seus dois melhores alunos.

Das Werk des Professors, der gestorben ist, wird von seinen zwei besten Schülern fortgesetzt werden.

O presidente foi acompanhado por/de dois ministros.

Der Präsident wurde von zwei Ministern begleitet.

68 Contam-se muitas histórias sobre o velho castelo.

Es werden viele Geschichten über das alte Schloß erzählt.

Perde-se muito dinheiro neste negócio.

Man verliert viel Geld bei diesem Geschäft.

> Das Passiv kann auch mit der **partícula apassivante ‹se›** gebildet werden. Die transitiven Verben werden in diesem Fall ausschließlich in der 3. P. Sg. oder Pl. verwendet und stimmen mit dem Subjekt überein. Die Angabe des Urhebers der Handlung ist dabei nicht möglich. Im Deutschen steht in solchen Sätzen oft das Indefinitpronomen „man".

69 Só se vive uma vez.

Man lebt nur einmal.

Por este caminho vai-se até ao lago.

Auf diesem Weg gelangt man bis zum See.

> Das Passiv mit der **partícula apassivante ‹se›** ist auch mit intransitiven Verben möglich. In diesem Fall steht das Verb nur in der 3. P. Sg. Sowohl das Subjekt als auch der Urheber der Handlung bleiben ungenannt. Im Deutschen steht in solchen Sätzen ebenfalls das Indefinitpronomen „man".

Die periphrastische Konjugation
(A conjugação perifrástica)

70 Mit Hilfe der periphrastischen Konjugation wird der Ablauf einer Handlung näher bestimmt.

71 Temos de/que sair hoje mais cedo.

Wir müssen heute früher weggehen.

> **Ter + de / que + inf.**
> Diese Konstruktion entspricht dem deutschen „müssen".

Weitere Beispiele:

Tens de/que prestar atenção!

Du mußt aufpassen!

O Fernando insistiu tanto que tive de o acompanhar.

Fernando hat so sehr darauf bestanden, daß ich ihn begleiten mußte.

Vergleiche:

Tenho de/que fazer isto hoje.	Ich muß das heute machen.
Tenho que fazer.	Ich habe zu tun.
Tenho tantas voltas a dar hoje.	Ich habe heute soviel zu erledigen. **72**

> **Ter + a + inf.** entspricht dem deutschen *haben + zu + Inf.* In dieser Konstruktion behält **ter** eine gewisse Eigenständigkeit.

Weitere Beispiele:

Não tenho mais nada a dizer.	Ich habe nichts mehr zu sagen.
Tens alguma coisa a objectar?	Hast du etwas einzuwenden?
Como havemos de resolver o problema?	Wie werden wir das Problem lösen? **73**
Um dia hei-de fazer uma grande viagem.	Eines Tages werde ich eine große Reise machen.
Hás-de fazer o que eu quero e não o que tu queres!	Du wirst machen, was ich will und nicht, was du willst!

> **Haver + de + inf.**
> Diese Konstruktion kann sowohl eine zukünftige Handlung als auch eine Absicht, ein Versprechen, einen Zweifel oder auch eine starke Willensäußerung zum Ausdruck bringen.

Wenn **haver** im **impf.** steht, kann die gleiche Zusammensetzung den **cond.** ersetzen:

Eu já sabia que eles haviam de fazer tudo mal.	Ich wußte schon, daß sie alles schlecht machen würden.
Se fosses comigo, havias de gostar!	Wenn du mit mir gingest, würde es dir gefallen!
Há que encontrar uma saída.	Man muß einen Ausweg finden. **74**

> Die Konstruktion **haver + que + inf.** in unpersönlicher Form bedeutet „müssen".

Eine ähnliche Konstruktion mit der Präposition **a** findet sich in der Wendung:

Não há nada a fazer.	Es ist nichts zu machen.
O Paulo está a dormir.	Paulo schläft gerade. **75**
O meu amigo anda a estudar em Coimbra.	Mein Freund studiert in Coimbra.

Weitere Beispiele:

Está a chover.	Es regnet jetzt.
Estávamos a jantar quando bateram à porta.	Wir aßen eben zu Abend, als es an der Tür klopfte.
O André está a estudar no Rio.	André studiert in Rio.
O Pedro está a estudar.	Pedro ist beim Lernen.
Ando a ler um livro muito interessante.	Ich lese gerade ein sehr interessantes Buch.
As crianças estão a brincar no quarto.	Die Kinder spielen eben im Zimmer.
As crianças andam a brincar no jardim.	Die Kinder spielen eben im Garten. (Sie laufen umher.)

In der portugiesischen Provinz Alentejo und in Brasilien wird statt **a + infinitivo** das **gerúndio** verwendet:

Está chovendo.	Es regnet gerade.
As crianças andam brincando no jardim.	Die Kinder spielen eben im Garten.

76   O meu tio foi comprando livros e tem hoje uma grande biblioteca.   Mein Onkel hat immer wieder Bücher gekauft und hat heute eine große Bibliothek.

Weitere Beispiele:

As tropas vinham avançando devagar.	Die Truppen kamen langsam vorwärts.
A notícia vai-se espalhando por toda a cidade.	Die Nachricht verbreitet sich allmählich in der ganzen Stadt.

77   Ele chegou tão tarde à estação que ia perdendo o comboio.   Er kam so spät zum Bahnhof, daß er fast den Zug versäumte.

Weitere Beispiele:

Há pouco escorreguei e ia caindo.	Vor kurzem bin ich ausgerutscht und wäre beinahe gestürzt.
O rapaz atravessou a rua sem olhar e ia sendo atropelado pelo automóvel.	Der Junge überquerte die Straße ohne zu schauen und wäre beinahe vom Auto überfahren worden.
Vamos pensar no assunto.	Wir werden über die Sache nachdenken. **78**

Ir + inf.
Diese Zusammensetzung dient vorzugsweise der Umschreibung des Futurs, sie kann aber auch eine Absicht oder eine Überzeugung ausdrücken.

Weitere Beispiele:

Vou escrever uma carta todos os dias.	Ich werde jeden Tag einen Brief schreiben.
Eles vão chegar tarde.	Sie kommen sicher spät.

Ir (gehen) behält jedoch seine eigenständige Bedeutung in Sätzen wie:

Ela vai comprar um livro.	Sie geht ein Buch kaufen.
Vai-te deitar!	Geh schlafen!
Eles já iam a sair quando nós chegámos.	Sie waren schon im Begriffe wegzugehen, als wir eintrafen. **79**
O João vinha a entrar quando eu cheguei à porta.	João trat gerade ein, als ich zur Tür kam.

Ir + a + inf. / vir + a + inf.
Diese Zusammensetzungen können eine Handlung ausdrücken, die mit einer anderen zusammentrifft, und werden in diesem Fall vorwiegend mit dem **impf.** gebildet.

Ia a dizer qualquer coisa, mas o amigo não o deixou falar.	Er wollte etwas sagen, jedoch sein Freund **80** ließ ihn nicht reden.

Ir + a + inf. / ir + para + inf.
Diese Konstruktionen können auch verwendet werden, wenn eine beabsichtigte Handlung nicht zur Ausführung gelangt.

Weitere Beispiele:

O homem foi para pagar o jornal, mas viu que não tinha dinheiro.	Der Mann wollte die Zeitung bezahlen, aber er sah, daß er kein Geld hatte.
A D. Manuela ia a meter a chave na fechadura, quando a porta se abriu.	D. Manuela wollte eben den Schlüssel in das Schloß stecken, als sich die Tür öffnete.

81   O homem ia a cantar pela rua.   Der Mann ging singend die Straße entlang.

Ir + a + inf. / vir + a + inf.
Die Grundbedeutungen von **ir** (gehen/fahren) und **vir** (kommen) bleiben auch manchmal erhalten; der Infinitiv drückt dann eine gleichzeitig stattfindende zweite Handlung aus.

Weitere Beispiele:

Ela ia a ler o jornal no eléctrico.	Sie fuhr in der Straßenbahn und las die Zeitung.
O rapaz vinha a correr.	Der Junge kam herbeigelaufen.

In der portugiesischen Provinz Alentejo und in Brasilien wird statt **a + inf.** das **gerúndio** verwendet:

Ela ia lendo o jornal no eléctrico (Bras.: bonde).	Sie fuhr in der Straßenbahn und las die Zeitung.
O rapaz vinha correndo.	Der Junge kam herbeigelaufen.

82   Viemos a saber depois que tudo era mentira.   Wir erfuhren später, daß alles Lüge war.

Vir + a + inf.
Diese Konstruktion kann auch den Abschluß einer Handlung oder eines Vorgangs bezeichnen.

Weitere Beispiele:

No que virá a dar tudo isto?	Was wird aus all dem werden?
Ele já em pequeno mostrava vocação para a pintura e realmente veio a ser um grande artista.	Er zeigte schon als Kind Begabung für die Malerei und er wurde tatsächlich ein großer Künstler.

Zu beachten ist auch die idiomatische Wendung:

O que vem a ser isto?	Was soll das bedeuten?

Neben den bereits genannten Verben können auch andere zur Bildung der periphrasti- **83**
schen Konjugation verwendet werden, wie z. B. **acabar de, começar a, continuar a, chegar
a, deixar de, ficar a, principiar a, tornar a.**

Acabo de ouvir as notícias na rádio.	Ich habe soeben die Nachrichten im Radio gehört.
Afinal não cheguei a falar com o médico.	Ich habe doch nicht mit dem Arzt gesprochen.
Apesar de (estar) doente, ele não deixou de fumar.	Obwohl er krank war, hörte er nicht auf zu rauchen.
Nós advertimo-lo, mas ele tornou a fazer o mesmo.	Wir haben ihn gewarnt, er aber tat es wieder.

Der Gebrauch von ter und haver

Os meus avós têm uma casa na praia.	Meine Großeltern haben ein Haus am **84** Strand.
A enfermeira tem muita paciência para os doentes.	Die Krankenschwester hat viel Geduld mit den Kranken.

Ter bedeutet „haben" / „besitzen".

O meu primo tem de ser operado.	Mein Cousin muß operiert werden. **85**
Não temos nada a perder.	Wir haben nichts zu verlieren.

Ter + de / que + inf.
Ter + a + inf.
Vgl. Periphrastische Konjugation → 71, 72.

Hei-de ler o artigo de que me falaste.	Ich werde den Artikel lesen, von dem du **86** mir erzählt hast.
Alguma vez havemos de ter sorte.	Einmal werden wir Glück haben.

Haver wird meistens in Verbindung mit **de + inf.** verwendet → 73.

Haver de entspricht manchmal dem deutschen „sollen":

Hás-de dizer-me quanto te devo.	Du sollst mir sagen, wieviel ich dir schulde.
Porque é que não havemos de sair hoje?	Warum sollen wir heute nicht ausgehen?

87
Já não há bilhetes para esta noite.	Es gibt keine Karten mehr für heute abend.
Há duas horas que estamos à espera.	Seit zwei Stunden warten wir.

Die 3. P. Sg. von **haver** steht häufig im Sinne von „es gibt" oder bei Zeitangaben in der Bedeutung „seit" oder „vor".

Weitere Beispiele:

Ontem havia muito peixe no mercado.	Gestern gab es viel Fisch auf dem Markt.
Casámos há vinte anos.	Vor zwanzig Jahren haben wir geheiratet.
Houve muita gente que não gostou da peça.	Es gab viele Leute, denen das Stück nicht gefiel.

88
O filme já tinha começado quando chegámos.	Der Film hatte schon begonnen, als wir ankamen.
Achou que não havia dito nada que o comprometesse.	Er fand, daß er nichts gesagt hatte, das ihn bloßstellen könnte.

Sowohl **ter** als auch **haver** werden zur Bildung der zusammengesetzten Zeiten verwendet, wobei **haver** fast nur mehr in der geschriebenen bzw. literarischen Sprache vorkommt.

Weitere Beispiele:

Se eu tivesse sabido que estavas doente, teria vindo mais cedo.	Wenn ich gewußt hätte, daß du krank bist, wäre ich früher gekommen.
„Mas os reforços da guarda, que entretanto haviam chegado ..."	„Aber die Verstärkung der Garde, die inzwischen gekommen war ..."
(David Mourão-Ferreira, „Os Amantes")	

Der Gebrauch von ser und estar

O universo é infinito.
O bebé é um rapaz.

Das Weltall ist unendlich.
Das Baby ist ein Junge.

89

Ser wird in erster Linie zur Bezeichnung wesentlicher und andauernder Eigenschaften verwendet. Es steht bei der Angabe von Geschlecht, Verwandtschaftsgrad, Religion, Staatszugehörigkeit, Beruf, etc.

Weitere Beispiele:

Esta senhora é a minha cunhada.
Ahmed é muçulmano.
Aquelas estudantes são brasileiras.
O meu vizinho é engenheiro.

Diese Frau ist meine Schwägerin.
Ahmed ist Mohammedaner.
Diese Studentinnen sind Brasilianerinnen.
Mein Nachbar ist Ingenieur.

Aquela senhora é de Lisboa.
As mesas são de madeira.
Esta carteira é da minha nora.

Diese Dame ist aus Lissabon.
Die Tische sind aus Holz.
Diese Handtasche gehört meiner Schwiegertochter.

90

Ser + de dient zur Angabe der Herkunft einer Person oder Sache, zur Bezeichnung des Materials, aus dem etwas besteht, sowie zur Angabe des Besitzverhältnisses.

É de considerar se esta discussão adianta o nosso trabalho.

Es ist zu überlegen, ob diese Debatte unsere Arbeit weiterbringt.

91

Ser + de + inf. entspricht im allgemeinen der deutschen Verbindung sein + zu + Infinitiv.

Weitere Beispiele:

Não é de prever que as coisas mudem nos próximos dias.
É de supor que este ano a produção agrícola seja melhor.

Es ist nicht vorauszusehen, daß sich die Dinge in den nächsten Tagen ändern.
Es ist anzunehmen, daß dieses Jahr die landwirtschaftliche Produktion besser ist.

Merke auch die Wendung:

Isto é de perder a paciência!

Dabei könnte man die Geduld verlieren!

92

é bom	es ist gut	isto é	das heißt
é natural	es ist anzunehmen	é isso	ganz recht, so ist es
é preciso	es ist notwendig	pois é	ja, so ist es
é pena	es ist schade	a ser assim	wenn dem so ist

> **Ser** wird in unpersönlichen Ausdrücken und in verschiedenen Wendungen gebraucht.

93

Que horas são?	Wie spät ist es?
É meio-dia.	Es ist Mittag/12 Uhr.

> **Ser** steht im allgemeinen bei Zeitangaben.

Weitere Beispiele:

São três e meia.	Es ist halb vier.
Quantos são hoje?	Der wievielte ist heute?
Ontem foi domingo.	Gestern war Sonntag.
É Natal.	Es ist Weihnachten.

94

O réu é acusado de ter cometido vários roubos.	Der Angeklagte wird beschuldigt, verschiedene Diebstähle begangen zu haben.
A fábrica foi destruída por um incêndio.	Die Fabrik wurde durch einen Brand zerstört.

> **Ser** wird zur Bildung des Passivs verwendet → 67.

95

Que é do dinheiro?	Wo ist das Geld?
Que é do Fernando?	Wo ist Fernando?

> **Que é + de + Subst.,** vorwiegend in der Umgangssprache verwendet, bedeutet „wo ist … ?"

96

Esta colher está suja.	Dieser Löffel ist schmutzig.
Ontem esteve bom tempo.	Gestern war schönes Wetter.
A sopa já está fria.	Die Suppe ist schon kalt.

> Estar steht in erster Linie zur Bezeichnung eines vorübergehenden Zustandes
> → 101.

Ontem estivemos na praia.	Gestern waren wir am Strand.	**97**

> Estar hat oft die Bedeutung „sich befinden".

Weitere Beispiele:

Eles estão numa situação difícil.	Sie sind in einer schwierigen Lage.
Como está?	Wie geht es Ihnen?
Ela está bem de saúde.	Sie ist bei guter Gesundheit.

Estamos no Natal.	Es ist Weihnachten.	**98**
A quantos estamos hoje?	Den wievielten haben wir heute?	
Hoje estamos a 28 de Fevereiro.	Heute haben wir den 28. Februar.	

> Estar steht in gewissen Fällen bei Zeitangaben (meistens auch im Sinne von „sich
> befinden").

Fechei a janela, porque estava a sentir frio.	Ich habe das Fenster geschlossen, weil mir kalt war.	**99**
Estás a perceber?	Verstehst du?	

> Estar wird auch zur Bildung der periphrastischen Konjugation verwendet → 75.

100

Wichtige Wendungen mit **estar**:

estar com febre/gripe, etc.	Fieber/Grippe, etc. haben
estar de luto	in Trauer sein
estar para	{ Lust haben zu die Absicht haben zu
estar por fazer	noch zu tun sein
Está?/Estou!	Hallo! (Telefon)

Aquela rapariga não é bonita, mas está hoje tão bem arranjada e tem um ar tão feliz que até está bonita.	Dieses Mädchen ist nicht schön, aber heute ist es so gut zurechtgemacht und sieht so glücklich aus, daß es sogar schön ist.	**101**

> Gewisse Adjektive können sowohl mit **ser** → 89 als auch mit **estar** → 96 verbunden werden, je nachdem, ob sie eine wesentliche Eigenschaft oder einen gegenwärtigen Zustand ausdrücken.

Weitere Beispiele:

Estás hoje tão simpático. Porque não és sempre assim?	Du bist heute so sympathisch. Warum bist du nicht immer so?
A questão está difícil de resolver, embora a princípio não parecesse ser difícil.	Die Frage ist schwierig zu lösen, obgleich sie anfangs nicht schwierig zu sein schien.
Este peixe não é bom, mas hoje está francamente bom.	Dieser Fisch ist nicht gut, aber heute ist er wirklich gut.
O meu tio é doente.	Mein Onkel ist ein kranker Mann.
O Carlos está doente.	Carlos ist krank.

Einige Adjektive drücken, wenn sie mit **ser** verbunden werden, einen natürlichen, erwarteten oder unveränderten Zustand aus, während sie in Verbindung mit **estar** auf einen eher unerwarteten, veränderten oder als nicht selbstverständlich angenommenen Zustand hinweisen. Manche Aussagen dieser Art besitzen fast idiomatischen Charakter.

O carro é novo.	Das Auto ist neu.
O carro está novo.	Das Auto ist neuwertig.
Aquela mulher já é velha.	Diese Frau ist schon alt.
O teu tio está velho.	Dein Onkel ist alt (geworden).
O Dr. Fonseca é rico.	Dr. Fonseca ist reich.
O Rui está rico.	Rui ist reich (geworden).
O meu avô ainda é vivo.	Mein Großvater lebt noch.
Quando o sinistrado chegou ao hospital ainda estava vivo.	Als der Verunglückte im Krankenhaus eintraf, lebte er noch.

Die Verwendung der Modi und Zeiten

Der Indikativ (O modo indicativo)

102 Im **indicativo** werden eine Handlung, ein Zustand, eine Eigenschaft oder ein Vorhandensein als wirklich dargestellt.

presente

103

Das **pres.** entspricht weitgehend dem Präsens im Deutschen. Es steht für eine eben ablaufende Handlung, einen augenblicklichen Zustand und für eine allgemeingültige Feststellung. Es ersetzt das Futur → 114 und wird als „historisches Präsens" zur Darstellung vergangener Ereignisse verwendet. Schließlich vermag es, einen nachdrücklichen Befehl auszudrücken.

Beispiele:

Ele está a escrever uma carta.	Er schreibt gerade einen Brief.
Hoje está frio.	Heute ist es kalt.
A Terra gira à volta do Sol.	Die Erde dreht sich um die Sonne.
No próximo ano vamos a Portugal.	Nächstes Jahr fahren wir nach Portugal.
Depois de uma longa e difícil viagem, Vasco da Gama chega à India em 1498.	Nach einer langen und schwierigen Fahrt erreicht Vasco da Gama Indien im Jahre 1498.
Tu não sais hoje de casa!	Du gehst heute nicht aus dem Haus!

104

Estou a aprender português há um ano.	Ich lerne seit einem Jahr Portugiesisch.
Não o vejo há uma semana.	Ich habe ihn seit einer Woche nicht gesehen.
Não o vejo desde domingo.	Ich habe ihn seit Sonntag nicht gesehen.

Im **pres.** stehen auch Sätze mit **há** oder **desde,** die in die Gegenwart reichende Handlungen oder Zustände ausdrücken und im Deutschen fallweise mit Vergangenheitszeiten wiedergegeben werden.

In allen anderen Sätzen, die solche Handlungen oder Zustände bezeichnen, steht im Portugiesischen das **pret. perf. c.** → 112.

Não o tenho visto ultimamente.	Ich habe ihn in der letzten Zeit nicht gesehen.

pretérito imperfeito

105

Für das richtige Verständnis und die einwandfreie Anwendung des **pret. impf.** ist es wesentlich, diese Zeit als „Gegenwart der Vergangenheit" zu erkennen. Das bedeutet, daß sich der Sprecher in die Vergangenheit versetzt und dort eine eben ablaufende Handlung oder einen andauernden Zustand betrachtet.

Beispiele:

Não havia ninguém na estação à minha espera.

Es war niemand am Bahnhof, der auf mich wartete.

Naquele dia a rapariga estava triste.

An jenem Tag war das Mädchen traurig.

O homem ia subindo a rua devagar.

Der Mann ging langsam die Straße hinauf.

106 Ele já estava em casa quando eu cheguei.

Er war schon zu Hause, als ich eintraf.

Eu estava a tomar banho quando o telefone tocou.

Ich nahm gerade ein Bad, als das Telefon läutete.

Steht in einem Satz das Verb im **impf.**, ist in den meisten Fällen die Unvollkommenheit bzw. Unvollendetheit der Aussage deutlich zu erkennen (**imperfeito** = unvollendet!), und es besteht das Bedürfnis nach einer Ergänzung. Besonders deutlich wird die Aussage des **impf.** in jenen Fällen, in denen es eine eben ablaufende Handlung oder einen Zustand ausdrückt, die durch eine neue Handlung (im **pret. perf. s.**) unterbrochen werden.

---

107 O dia estava magnífico. O sol tinha um brilho intenso e o céu ostentava o seu azul mais puro. Manuel saiu de casa e aspirou com prazer o ar tépido.

Der Tag war prächtig. Die Sonne strahlte kräftig, und der Himmel zeigte sein reinstes Blau. Manuel ging aus dem Haus und atmete mit Genuß die laue Luft ein.

Das **impf.** beschreibt eine Situation oder den Hintergrund eines Geschehens in der Vergangenheit. So beginnen viele Märchen im Portugiesischen mit **Era uma vez ...** (Es war einmal ...).

---

108 Chegava a casa sempre à mesma hora, jantava e lia o jornal.

Er kam immer zur selben Zeit nach Hause, nahm das Abendessen ein und las die Zeitung.

In der Vergangenheit erfolgende, wiederholte oder gewohnheitsmäßig gesetzte Handlungen werden meistens im **impf.** ausgedrückt, wobei wieder der eingangs erwähnte Standpunkt des Betrachters zu beachten ist → 105.

Mesmo no Inverno dormia sempre com a janela aberta. | Sogar im Winter schlief er immer bei offenem Fenster.

Nas tardes de Verão sentavam-se no jardim. | An den Sommernachmittagen setzten sie sich in den Garten.

Es ist aber durchaus möglich, wiederholte Handlungen auch im **pret. perf. s.** oder im **pret. perf. c.** auszudrücken:

Eles iam todos os dias à praia. | Sie gingen täglich an den Strand.
(Die Handlung wird in ihrem Ablauf betrachtet.)

Eles foram todos os dias à praia. | Sie gingen täglich an den Strand.
(Die Handlung wird von der Gegenwart aus als abgeschlossen angesehen.)

Eles têm ido todos os dias à praia. | Sie sind in der letzten Zeit täglich an den Strand gegangen.
(Die Handlung ist nicht abgeschlossen; sie reicht in die Gegenwart herein.)

Ele disse que tinha fome. | Er sagte, daß er Hunger habe. | **109**

In der indirekten Rede ersetzt das **impf.** das **pres.** der direkten Rede nach den Verben **dizer, perguntar, responder, declarar** etc., wenn diese in einer Zeit der Vergangenheit stehen → 228.

Eu no teu lugar não fazia/faria nada. | Ich an deiner Stelle würde nichts tun. | **110**

Das **impf.** kann das **cond.** ersetzen; in der Umgangssprache geschieht dies fast immer → 125.

---

pretérito perfeito simples

Ele chegou hoje atrasado à aula. | Er ist heute zu spät in die Stunde gekommen. | **111**

Quando eu ontem estava em casa do meu tio, apareceu o meu primo. | Als ich gestern bei meinem Onkel war, tauchte mein Cousin auf.

> Das **pret. perf. s.** ist die am häufigsten verwendete Vergangenheitszeit. Es bezeichnet – von der Gegenwart aus betrachtet – in der Vergangenheit abgeschlossene Handlungen.

pretérito perfeito composto

112

Ele tem estado doente.	Er ist seit einiger Zeit krank.
Não o tenho visto ultimamente.	Ich habe ihn in der letzten Zeit nicht gesehen.
Tenho comprado muitos livros.	In der letzten Zeit habe ich viele Bücher gekauft.

> Das **pret. perf. c.** bezeichnet wiederholte Handlungen oder andauernde Zustände, die in naher Vergangenheit beginnen und in die Gegenwart hereinreichen. Mangels einer entsprechenden deutschen Zeitform kann das **pret. perf. c.** nur mit Hilfe einer Umstandsfügung wie z. B. „in der letzten Zeit" sinngemäß übersetzt werden. Ähnliche Wendungen im Portugiesischen wie **nos últimos dias, nos últimos tempos, ultimamente** u. ä. können, müssen jedoch nicht stehen.

pretérito mais-que-perfeito

113

> Zwischen den beiden Zeiten **pret. m.-q.-perf. s.** und **pret. m.-q.-perf. c.** gibt es keinen Bedeutungsunterschied. Ihre Anwendung entspricht weitgehend jener des Plusquamperfekts im Deutschen. Während jedoch das **pret. m.-q.-perf. s.** allein in der Schriftsprache gebraucht wird, ist das **pret. m.-q.-perf. c.** sowohl in der Schriftsprache als auch in der Umgangssprache üblich.

Beispiele:

O Pedro não foi à escola, porque não tinha feito o trabalho.	Pedro ging nicht in die Schule, weil er die Arbeit nicht gemacht hatte.
A Maria não me disse o que tinha acontecido.	Maria sagte mir nicht, was geschehen war.
„A aprendiza entregara os chapéus o mais depressa possível. Ficara com vinte minutos livres."	„Das Lehrmädchen hatte die Hüte so rasch wie möglich abgeliefert. Es waren ihr zwanzig freie Minuten verblieben."
(Mário Dionísio: „Morena-Vulcão", in „O Dia Cinzento e Outros Contos")	

Da die Formen der 3. P. Pl. des **pret. m.-q.-perf. s.** mit denen des **pret. perf. s.** identisch sind, sollte für diese Person auch in der Schriftsprache immer das **pret. m.-q.-perf. c.** verwendet werden.

Quando chegámos já eles tinham começado a comer.	Als wir eintrafen, hatten sie schon zu essen begonnen.
Os nossos amigos nunca tinham estado antes em Portugal.	Unsere Freunde waren vorher nie in Portugal gewesen.

futuro imperfeito

Serei breve na minha exposição.	Ich werde mich bei meinen Ausführungen kurz fassen.	**114**
Amanhã vou jantar a casa do meu tio.	Morgen werde ich bei meinem Onkel zu Abend essen.	
Hei-de visitar-te em Portugal.	Ich werde dich in Portugal besuchen.	

> Der Gebrauch des **fut. impf.** entspricht im wesentlichen dem des Futurs im Deutschen. Es wird in der Umgangssprache selten verwendet und zumeist ersetzt durch das **pres. ind.** → 103 oder durch die periphrastische Konjugation **ir + inf.** → 78 / **haver + de + inf.** → 73.

Ele estará em casa?	Wird er zu Hause sein?	**115**
Tu dizes que ele ganha muito. Ganhará, mas o dinheiro não se vê.	Du sagst, daß er viel verdient. Mag sein, aber vom Geld sieht man nichts.	
A D. Isabel terá uns quarenta anos.	D. Isabel wird etwa vierzig Jahre alt sein.	

> Durch die Formen des **fut. impf.** werden auch Zweifel, Vermutung und Unsicherheit ausgedrückt, die sich auf einen gegenwärtigen Sachverhalt beziehen → 124.

Cada requerente apresentará uma certidão de nascimento.	Jeder Antragsteller hat eine Geburtsurkunde vorzuweisen.	**116**
Não matarás!	Du sollst nicht töten!	

> Das **fut. impf.** kann Notwendigkeiten oder Verpflichtungen, wie sie in der Amtssprache, in religiösen Geboten u. ä. üblich sind, bezeichnen.

futuro perfeito

117 Quando voltares amanhã já teremos resolvido o problema.

Wenn du morgen wiederkommst, werden wir das Problem schon gelöst haben.

> Das **fut. perf.** bezeichnet – analog zum deutschen 2. Futur – eine zukünftige Handlung, die bei Eintritt einer anderen zukünftigen Handlung bereits abgeschlossen ist.

118 O António terá apanhado o comboio?

Não sei se terá feito o trabalho.

Wird António den Zug erreicht haben?

Ich weiß nicht, ob er die Arbeit gemacht haben wird.

> Das **fut. perf.** drückt Zweifel, Vermutung und Unsicherheit aus, die sich auf eine vollzogene Handlung beziehen → 127.

Der Konditional (O modo condicional)

119 Die Verbform, die traditionell **condicional** (Bedingungsform) genannt wird, bezeichnet nicht nur eine Handlung, die an eine Bedingung gebunden ist, sondern vermag auch andere Bedeutungsaspekte auszudrücken.

120 Se o comboio chegasse à hora, poderia/podia ainda assistir à reunião.

Wenn der Zug pünktlich ankäme, könnte ich an der Versammlung noch teilnehmen.

> Als „Bedingungsform" im eigentlichen Sinn drückt das **cond.** eine Handlung aus, deren Verwirklichung von einer Bedingung abhängt.

121 Ele viu partir o amigo, que não mais tornaria a ver.

Er sah den Freund weggehen, den er nicht mehr wiedersehen würde.

> Das **cond.** erfüllt auch die Funktion einer Zukunft der Vergangenheit, für die es keine eigenen Formen gibt.

122 Gostaria/gostava de ouvir os seus argumentos.

Poderia/podia dizer-me que horas são, se faz favor?

Ich würde gerne Ihre Argumente hören.

Könnten Sie mir sagen, wie spät es ist, bitte?

> Das **cond.** dient zur höflichen Umschreibung eines Vorschlages, eines Wunsches oder einer Aufforderung und kann durch das **pret. impf. ind.** ersetzt werden → 110, 125.

Quem diria uma coisa destas!	Wer würde so etwas sagen!	**123**
Ninguém diria que ele já tem 70 anos!	Niemand würde sagen, daß er schon 70 Jahre alt ist!	

> Das **cond.** steht auch in Sätzen, die ein Erstaunen, eine Verwunderung ausdrücken.

Estariam lá umas cinquenta pessoas.	Es mögen an die fünfzig Personen dort gewesen sein.	**124**

> Das **cond.** drückt eine Vermutung bzw. eine Annahme aus, die sich auf eine Handlung oder einen Sachverhalt in der Vergangenheit beziehen → 115.

Era/seria melhor não sairmos hoje.	Es wäre besser, wenn wir heute nicht weggingen.	**125**
Se fosse mais cedo, íamos/iríamos à praia.	Wenn es nicht so spät wäre, würden wir an den Strand gehen.	

> Das **cond.** kann oft durch das **pret. impf. ind.** ersetzt werden → 110.

Eu não teria vindo, se tivesse sabido que estavas doente.	Ich wäre nicht gekommen, wenn ich gewußt hätte, daß du krank bist.	**126**

> Das **cond. c.** drückt eine Handlung aus, die unter bestimmten Bedingungen stattgefunden hätte.

Teria ele fechado a porta?	Wird er wohl die Tür geschlossen haben?	**127**

> Das **cond. c.** dient, wie das **fut. perf. ind.**, zum Ausdruck eines Zweifels, einer Vermutung oder einer Unsicherheit, die sich auf eine vollzogene Handlung beziehen → 118.

Der Imperativ (O modo imperativo)

128

Vem cá!	Komm her!
Venha cá!	Kommen Sie her! (Sg.)
Venham cá!	{ Kommen Sie her! (Pl.) { Kommt her!

> Im Portugiesischen besitzen nur die 2. P. Sg. und Pl. eigene Imperativformen. In den übrigen Personen und bei der Verneinung in allen Personen werden die entsprechenden Formen des **pres. conj.** verwendet. Zu beachten ist, daß die 2. P. Pl. heute nicht mehr üblich ist und durch die 3. P. Pl. ersetzt wird.

Weitere Beispiele:

Digamos-lhe a verdade!	Sagen wir ihm die Wahrheit!
Não faças isso!	Mach das nicht!
Não falem tão alto!	Sprechen Sie/Sprecht nicht so laut!

Normalerweise wird im Befehlssatz das Subjekt nicht ausgedrückt; muß es aus Gründen der Klarheit oder der Hervorhebung stehen, so wird es dem Verb nachgestellt.

Compra tu o jornal!	Kauf du die Zeitung!

Der Konjunktiv (O modo conjuntivo)

129 Im **conjuntivo** erscheint eine Handlung oder ein Sachverhalt meistens als noch nicht vollzogen bzw. als noch nicht gegeben und wird als unsicher, zweifelhaft oder sogar als irreal betrachtet. Oft drückt das **conj.** eine persönliche, subjektive Einstellung aus, manchmal wird es aber auch durch bestimmte Konstruktionen bedingt. In Hauptsätzen steht das **conj.** nur in wenigen Fällen, z. B. im Imperativ und als Ausdruck eines Wunsches oder Zweifels. Es wird fast ausschließlich in Nebensätzen verwendet → 132.

Das *conjuntivo* im Hauptsatz

130

Oxalá amanhã esteja bom tempo!	Hoffentlich ist morgen schönes Wetter!
Deus te ajude!	Gott helfe dir!

> Das **conj.** steht im Hauptsatz als Ausdruck eines Wunsches, vor allem nach **oxalá.**

Talvez tenhas razão.	Vielleicht hast du recht.	**131**
Talvez me pudesses fazer um favor!	Vielleicht könntest du mir einen Gefallen tun!	
Talvez eu possa fazer isto hoje.	Vielleicht kann ich das heute machen.	

> Im Hauptsatz steht das **conj.** nach **talvez** als Ausdruck eines Zweifels.

Steht jedoch das Verb vor **talvez,** so wird das **ind.** verwendet:

Eu posso talvez fazer isto hoje.	Ich kann das vielleicht heute machen.

Auch im Nebensatz steht das **conj.** nach **talvez:**

Acho que talvez seja possível voltarmos no domingo.	Ich glaube, es ist vielleicht möglich, daß wir am Sonntag zurückkommen.

Das *conjuntivo* im Nebensatz

> In **que** (daß)-Nebensätzen, die von Verben und Wendungen abhängig sind → 133 **132**
> In **que** (daß)-Nebensätzen nach unpersönlichen Ausdrücken → 143
> Nach bestimmten Konjunktionen → 144
> In gewissen Relativsätzen → 150

Das *conjuntivo* nach bestimmten Verben und Wendungen

Onde queres que ponha o jornal?	Wohin soll ich die Zeitung legen?	**133**
A polícia ordenou que toda a gente se retirasse.	Die Polizei befahl, daß sich alle zurückziehen.	
Peço-lhe que me responda na volta do correio.	Ich bitte Sie, mir postwendend zu antworten.	

> Das **conj.** steht nach Verben und Wendungen, die einen Wunsch, einen Befehl, eine Bitte u. ä. ausdrücken und nach solchen, die diese Bedeutungen in gewissen Fällen annehmen können. Normalerweise wird nach letzteren das **ind.** gebraucht.

Weitere Beispiele:

Deseja que embrulhe tudo num papel ou prefere que lhe dê um saco?	Wünschen Sie, daß ich alles in Papier einpacke, oder wollen Sie lieber, daß ich Ihnen einen Sack gebe?
O Governo vai decretar que sejam aumentados todos os impostos.	Die Regierung wird eine Erhöhung aller Steuern anordnen.

Tenho muito interesse em que me mande as amostras.	Ich bin sehr daran interessiert, daß Sie mir die Muster senden.
Agradeço-te que me escrevas logo que possas.	Ich bitte dich, mir zu schreiben, sobald du kannst.
A direcção decidiu que se abrisse um inquérito. (Conj.)	Die Direktion entschied, daß eine Untersuchung eingeleitet werde.
Está resolvido que partimos amanhã. (Ind.)	Es ist beschlossen, daß wir morgen abreisen.
Ficou assente que todos contribuíssem. (Conj.)	Es ´wurde festgesetzt, daß alle beitragen müssen.

Weitere Verben und Wendungen:

exigir	fordern	solicitar	verlangen
implorar	flehen	suplicar	anflehen
impor	auferlegen	dar ordem	Befehl geben
mandar	befehlen	exprimir o desejo	den Wunsch äußern
pretender	beanspruchen, wollen		

Weitere Verben und Wendungen, die normalerweise mit dem **ind.** stehen, jedoch auch mit dem **conj.** verwendet werden können:

assentar			assente
estabelecer	festsetzen	ser	estabelecido
estipular		estar	estipulado
deliberar	beschließen	ficar	deliberado
determinar	bestimmen		determinado

134
O pai não autorizou que saíssem de casa.	Der Vater erlaubte ihnen nicht, aus dem Haus zu gehen.
Não concordo que haja necessidade de gastar tanto dinheiro.	Ich stimme nicht zu, daß es notwendig ist, soviel Geld auszugeben.

> Das **conj.** steht nach Verben und Wendungen des Erlaubens bzw. der Zustimmung oder des Verbietens.

Weitere Beispiele:

Permita-me que lhe apresente o meu amigo Fernando Cruz.	Erlauben Sie mir, daß ich Ihnen meinen Freund Fernando Cruz vorstelle.
Não nego que isso seja verdade.	Ich leugne nicht, daß das wahr ist.
Ninguém acha bem que ele seja tão exigente.	Niemand findet es gut, daß er so anspruchsvoll ist.

Weitere Verben und Wendungen:

aprovar	gutheißen	estar de acordo	einverstanden sein
consentir	billigen	achar melhor	besser finden
importar-se	etwas dagegen haben	achar mal	schlecht finden
proibir	verbieten	achar conveniente	passend finden
tolerar	dulden		

Admitir und **concordar** können in der Bedeutung „zugeben" auch mit dem **ind.** verwendet werden:

Temos de admitir que a tarefa não é fácil. *(Ind.)*	Wir müssen zugeben, daß die Aufgabe nicht leicht ist.
Admito que não haja outras possibilidades. *(Conj.)*	Ich gebe zu, daß es keine anderen Möglichkeiten gibt.
Tenho de concordar que a ocasião não era propícia. *(Ind.)*	Ich muß zugeben, daß die Gelegenheit nicht günstig war.
Ninguém concordou que se procedesse desse modo. *(Conj.)*	Niemand war damit einverstanden, daß man auf diese Weise vorgehe.

Todos lhe recomendaram que tivesse muito cuidado com os falsos amigos.	Alle empfahlen ihm, mit den falschen Freunden vorsichtig zu sein.
Sugiro que nenhum orador possa falar mais de um quarto de hora.	Ich schlage vor, daß kein Redner länger als eine Viertelstunde sprechen darf.

135

Das **conj.** steht nach Verben und Wendungen des Rats bzw. der Empfehlung.

Weitere Beispiele:

Aconselho-te (a) que tenhas paciência.	Ich rate dir, Geduld zu haben.
Em face do adiantado da hora, propomos que a resolução do assunto seja adiada para amanhã.	Angesichts der vorgerückten Stunde schlagen wir vor, die Lösung der Frage auf morgen zu verschieben.

Avisar, prevenir und **advertir** werden mit dem **conj.** verwendet, wenn sie imperativische Bedeutung haben:

Previno-te que não faças isso. *(Conj.)*	Ich warne dich, das zu tun.
Previno-te que não te empresto mais dinheiro. *(Ind.)*	Ich mache dich darauf aufmerksam, daß ich dir kein Geld mehr leihe.
Avisei-o que não fosse lá. *(Conj.)*	Ich warnte ihn, dorthin zu gehen.
A rapariga avisou a mãe de que chegaria mais tarde. *(Cond.)*	Das Mädchen teilte der Mutter mit, daß es später kommen werde.

136   O professor não consegue que todos os alunos estejam sossegados. | Der Lehrer bringt es nicht fertig, daß alle Schüler ruhig sind.

A chuva não impediu que eu saísse. | Der Regen hinderte mich nicht daran, auszugehen.

> Das **conj.** steht nach Verben und Wendungen, die das Anstreben bzw. Erreichen eines Ziels bezeichnen sowie bei solchen, die eine Verhinderung ausdrücken.

Weitere Beispiele:

Fizemos (com) que se calasse. | Wir brachten ihn zum Schweigen.

As tuas objecções não obstam a que eu ponha em prática a minha ideia. | Deine Einwände hindern mich nicht daran, meine Idee in die Praxis umzusetzen.

Weitere Verben und Wendungen:

alcançar
obter   } erreichen

evitar   vermeiden

(im)possibilitar
tornar (im)possível } (un)möglich machen

opor-se   sich widersetzen

137   Vou precisar que me emprestes o teu carro. | Es wird nötig sein, daß du mir deinen Wagen leihst.

Necessito que me dê uma informação. | Ich benötige von Ihnen eine Auskunft.

> Das **conj.** steht nach Verben und Wendungen, die eine Notwendigkeit ausdrücken.

138   Todos os colegas se admiram (de) que o Mário seja agora tão pontual. | Alle Kollegen wundern sich, daß Mario jetzt so pünktlich ist.

Acho estranho que o Carlos tenha tanto dinheiro para gastar. | Ich finde es erstaunlich, daß Carlos soviel Geld zum Ausgeben hat.

> Das **conj.** steht nach Verben und Wendungen des Erstaunens.

Weitere Verben und Wendungen:

espantar
causar espanto } verblüffen

estranhar   seltsam finden

achar extraordinário   außerordentlich finden

causar admiração   Erstaunen hervorrufen

Estou com receio (de) que amanhã já não haja bilhetes para o concerto.

Ich befürchte, daß es morgen keine Karten **139** mehr für das Konzert gibt.

Esperamos que aceitem a nossa sugestão.

Wir hoffen, daß sie unsere Anregung annehmen.

As pessoas reunidas no aeroporto aguardavam com impaciência que o avião aterrasse.

Die am Flughafen versammelten Leute warteten mit Ungeduld auf die Landung des Flugzeugs.

Das **conj.** steht nach Verben und Wendungen, die Furcht, Hoffnung bzw. Erwartung ausdrücken.

Weitere Verben und Wendungen:

recear	} befürchten	estar com medo	} Angst haben
temer		ter medo	
confiar	vertrauen	ter receio	
contar	rechnen	ter esperança	Hoffnung haben

Lamento que você não possa ficar um pouco mais.

Es tut mir leid, daß Sie nicht etwas länger **140** bleiben können.

Compreendo muito bem que tenhas saudades dele.

Ich verstehe sehr gut, daß du Sehnsucht nach ihm hast.

Das **conj.** steht nach Verben und Ausdrücken des Bedauerns und Mitempfindens.

Weitere Verben:

deplorar	} bedauern	entender	} verstehen
lastimar		perceber	

Duvido que tudo seja tão fácil como você diz.

Ich bezweifle, daß alles so einfach ist, wie **141** Sie sagen.

Tenho muitas dúvidas (de) que as coisas se tenham passado assim.

Ich bezweifle sehr, daß sich die Dinge so zugetragen haben.

Não estou certo (de) que ele tenha dito isso.

Ich bin nicht sicher, daß er das gesagt hat.

Das **conj.** steht nach Verben und Wendungen des Zweifels.

---

142 Não digo que tenhas mentido.   Ich sage nicht, daß du gelogen hast.

Não creio que cheguemos a horas.   Ich glaube nicht, daß wir rechtzeitig ankommen.

Não imaginávamos que as dificuldades fossem tão grandes.   Wir haben uns nicht vorgestellt, daß die Schwierigkeiten so groß sein würden.

> Das **conj.** steht nach Verben und Wendungen des Sagens, Meinens, Behauptens, u. ä., wenn diese verneinend gebraucht werden.

Weitere Verben und Wendungen:

afirmar asseverar	behaupten	significar supor	bedeuten annehmen
assegurar garantir	versichern/ garantieren	estar convencido	überzeugt sein
julgar pensar	glauben	dar oferecer } garantias	garantieren
recordar-se	sich erinnern		

Die Verben, die eine Vermutung ausdrücken (**crer, imaginar, julgar, pensar, supor**) können auch in der affirmativen Form mit dem **conj.** gebraucht werden, wenn bei dieser Vermutung eine größere Unsicherheit besteht.

Suponho que o dinheiro seja suficiente.   Ich nehme an, daß das Geld ausreicht.

Julguei que fosse mais tarde!   Ich dachte, daß es schon später wäre!

Das *conjuntivo* in *que* (daß)-Sätzen nach unpersönlichen Ausdrücken

143 É preciso que de futuro tenhas mais cuidado.   Es ist notwendig, daß du in Zukunft sorgfältiger bist.

> Die unpersönlichen Ausdrücke verlangen im **que** (daß)-Satz das **conj.**

Weitere Beispiele:

É pena que o António seja tão preguiçoso.   Es ist schade, daß António so faul ist.

Basta que estudes duas horas por dia.   Es genügt, wenn du zwei Stunden am Tag lernst.

Era preferível que não tivesses dito nada.   Es wäre besser, wenn du nichts gesagt hättest.

Weitere unpersönliche Ausdrücke:

é bom	es ist gut	é necessário	es ist notwendig
conveniente	angebracht	possível	möglich
duvidoso	zweifelhaft	provável	wahrscheinlich
estranho	seltsam	raro	selten
justo	richtig, gerecht	urgente	dringend
lamentável ⎫		útil	nützlich
de lastimar ⎭	bedauerlich	uma vergonha	eine Schande
lógico	logisch	interessa	es ist wichtig
mau	schlecht	pode ser	es kann sein
melhor	besser	pode acontecer ⎫	
natural	selbstverständlich	pode suceder ⎭	es kann geschehen

Alle diese Wendungen werden nicht nur im Präsens, sondern auch in den anderen Zeiten verwendet.

Nach Ausdrücken wie **é de supor/é de crer** (es ist anzunehmen) steht zwar meist auch das **conj.**, es kann aber auch das **ind.** verwendet werden, vor allem dann, wenn im Nebensatz eine Zeit der Vergangenheit steht. Die negative Form verlangt stets das **conj.**:

É de supor que ninguém lhe disse nada. ⎫	Es ist anzunehmen, daß ihm niemand etwas gesagt hat.
É de supor que ninguém lhe tenha dito nada. ⎭	
Não é de crer que lho tenham dito.	Es ist nicht anzunehmen, daß man es ihm gesagt hat.

Nach **é certo** (es ist gewiß), **é claro** (es ist klar), **é evidente** (es ist offenkundig), **é incontestável** (es ist unbestreitbar), **é indiscutível** (es ist indiskutabel), **é indubitável** (es ist unzweifelhaft), **é óbvio** (es ist einleuchtend), u. ä. steht das **ind.** Die verneinende Form verlangt aber auch hier das **conj.** → 142.

É evidente que o teu relógio não está certo.	Es ist offenkundig, daß deine Uhr nicht richtig geht.
É incontestável que se trata de um bom cantor.	Es ist unbestreitbar, daß es sich um einen guten Sänger handelt.
Não é certo que cheguem a acordo.	Es ist nicht gewiß, daß sie zu einer Einigung kommen.

Das *conjuntivo* nach bestimmten Konjunktionen

144 Vou almoçar contigo, contanto que me pagues.

Ich gehe mit dir zu Mittag essen, falls du für mich bezahlst.

Das **conj.** steht in Konditionalsätzen.

Weitere Beispiele:

Estarei lá à hora marcada, a não ser que surja alguma dificuldade imprevista.

Ich werde zum angegebenen Zeitpunkt dort sein, es sei denn, daß eine unvorhergesehene Schwierigkeit auftaucht.

Caso tenhas oportunidade, vem ter comigo.

Wenn es dir möglich ist, komm zu mir.

Parto amanhã, desde que me dêem hoje o passaporte.

Ich reise morgen ab, sofern sie mir heute den Reisepaß geben.

Die wichtigsten Konjunktionen, die Konditionalsätze einleiten, sind:

a menos que a não ser que }	es sei denn, daß
(no) caso (que)	im Falle, daß
contanto que dado que }	falls
desde que	sofern/falls
se	wenn
sem que	ohne daß
suposto que	angenommen, daß
uma vez que	wenn/falls einmal

145 Não se esqueçam dos vistos, para que não tenham problemas na fronteira.

Vergeßt die Visa nicht, damit ihr an der Grenze keine Schwierigkeiten habt.

Pedimos-te que nos indiques a data da chegada, a fim de que possamos reservar os quartos no hotel.

Wir bitten dich, uns den Tag der Ankunft anzugeben, damit wir die Hotelzimmer reservieren können.

Das **conj.** steht in Finalsätzen.

Die wichtigsten Konjunktionen, die Finalsätze einleiten, sind:

que	daß/damit
para que a fim de que }	damit

Vou tentar satisfazer o seu pedido, embora saiba que não é fácil.	Ich werde versuchen, Ihre Bitte zu erfüllen, obwohl ich weiß, daß es nicht leicht ist.
Conquanto houvesse muita gente na exposição, não vi ninguém conhecido.	Obgleich viele Leute in der Ausstellung waren, sah ich keinen Bekannten.

146

> Das **conj.** steht in Konzessivsätzen.

Weitere Beispiele:

Mesmo que quisesse, não podia ir à conferência.	Selbst wenn ich wollte, ich könnte nicht zum Vortrag gehen.
Por mais que digas, não me convences.	Soviel du auch redest, du überzeugst mich nicht.
Por muito que te custe, tens de deixar de fumar.	So schwer es dir auch fällt, du mußt aufhören zu rauchen.

Die wichtigsten Konjunktionen, die Konzessivsätze einleiten, sind:

ainda que conquanto embora posto (que) se bem que	obgleich obwohl wenn auch
ainda quando mesmo que nem que	selbst wenn
por mais que por muito que	so sehr/viel auch
por pouco que	so wenig auch

Temos de esperar até que alguém chegue.	Wir müssen warten, bis jemand kommt.

147

> Das **conj.** steht in Temporalsätzen, wenn die ausgedrückte Handlung oder der Sachverhalt als Annahme oder Möglichkeit angesehen werden.

Weitere Beispiele:

Sempre que possas, vai visitá-lo.	Immer wenn du kannst, geh ihn besuchen.
Mal comece a escurecer, acende logo a luz.	Sobald es finster wird, schalte das Licht ein.
À medida que vás despachando os papéis, vai-mos entregando.	Sowie du die Papiere erledigst, übergib sie mir.

Wenn die Handlung oder der Sachverhalt als reale Tatsache angesehen werden, steht im Nebensatz das **ind.** Dies geschieht vor allem dann, wenn Handlung oder Sachverhalt in der Vergangenheit liegen.

Sempre que está bom tempo, vamos passear.	Immer wenn es schön ist, gehen wir spazieren.
Assim que a televisão acabou, fui-me deitar.	Sobald das Fernsehen beendet war, ging ich schlafen.
Mal o sol se pôs, começou a arrefecer.	Sobald die Sonne unterging, begann es abzukühlen.

Die wichtigsten Konjunktionen, die Temporalsätze einleiten, sind:

à medida que	in dem Maße wie/sowie
antes que	ehe/bevor
assim que	sobald
até que	bis
depois que	nachdem
enquanto	während/solange
logo que	sobald
mal	
primeiro que	bevor
quando	wenn
sempre que	immer wenn
todas as vezes que	jedesmal wenn

148

Gostava que chovesse tanto que ninguém pudesse sair de casa.	Ich wünschte, daß es so regnet, daß niemand aus dem Haus gehen kann.
Tens de te disfarçar tão bem que ninguém te conheça.	Du mußt dich so gut verkleiden, daß dich niemand erkennt.

Das **conj.** steht in Konsekutivsätzen, wenn die ausgedrückte Handlung oder der Sachverhalt als Möglichkeit angesehen werden.

Werden diese jedoch als Tatsachen angesehen, wird das **ind.** verwendet. Dies ist vor allem dann der Fall, wenn die Handlung bereits abgeschlossen ist.

O orador falou de maneira que todos o ouviram perfeitamente.	Der Redner sprach so, daß ihn alle sehr gut hörten.

Die wichtigsten Konjunktionen, die Konsekutivsätze einleiten, sind:

de (tal) maneira que
de (tal) modo que
de (tal) forma que   so, daß/derart, daß
de (tal) sorte que
de (tal) jeito que
(tal, tanto, tão) ... que

Ou porque estivesse distraído, ou porque não me conhecesse, a verdade é que não me cumprimentou.	Sei es, weil er zerstreut war, oder weil er mich nicht erkannte, Tatsache ist, daß er mich nicht grüßte.
Vou-me embora, não porque seja tarde, mas porque estou cansado.	Ich gehe weg, nicht weil es spät ist, sondern weil ich müde bin.
Não que esteja de acordo contigo, mas posso entender o teu ponto de vista.	Nicht, daß ich mit dir übereinstimme, aber ich kann deinen Standpunkt verstehen.
Às quatro horas saímos, quer o trabalho esteja pronto quer não esteja.	Um vier Uhr gehen wir weg, ob die Arbeit fertig ist oder nicht.
Ou chova ou faça sol, saem todos os fins-de-semana.	Ob es regnet oder die Sonne scheint, sie gehen jedes Wochenende hinaus.

149

> Das **conj.** steht meist nach den Konjunktionen **ou porque ... ou porque** (sei es, weil ... oder, weil), **não porque** (nicht, weil) und **não que** (nicht, daß).
> Es wird auch nach den Konjunktionen **quer ... quer** (ob ... oder) und **ou ... ou** (ob ... oder) gesetzt.

Das *conjuntivo* in Relativsätzen

Quero um quadro que esteja assinado pelo pintor.	Ich möchte ein Bild, das vom Maler signiert ist.

150

> Das **conj.** steht im Relativsatz, wenn ein Wunsch, eine Absicht, eine Möglichkeit oder eine Bedingung ausgedrückt werden.

Weitere Beispiele:

Vou dar-te uma coisa que te seja útil.	Ich werde dir etwas geben, das dir nützlich ist.
Empresta-me o livro que te faça agora menos falta.	Leih mir das Buch, das dir jetzt am wenigsten fehlt.
Preciso de uma dactilógrafa que saiba também estenografia.	Ich benötige eine Schreibkraft, die auch stenographieren kann.

151 Se tiveres dinheiro que chegue, compra bilhetes para o teatro.

Solltest du genug Geld haben, kauf Karten für das Theater.

Hoje vou ao cinema, mesmo que não haja nenhum filme que me agrade.

Heute gehe ich ins Kino, auch wenn es keinen Film gibt, der mir gefällt.

> Das **conj.** steht im Relativsatz, wenn dieser von einem Konditional- oder von einem Konzessivsatz abhängig ist.

152 Há quem dê todos os dias um passeio a pé.

Es gibt Leute, die jeden Tag einen Spaziergang machen.

Não se encontrou quem o substituísse.

Es fand sich niemand, der ihn ersetzte.

> Das **conj.** wird im Relativsatz gebraucht, wenn dieser durch **quem** eingeleitet wird und nach **haver, aparecer, encontrar** u. ä. steht.

153 Encontraremos alguém que nos indique o caminho?

Werden wir jemanden finden, der uns den Weg weist?

> Das **conj.** wird im Relativsatz gebraucht, wenn dieser nach **alguém, algo, alguma coisa, alguma pessoa,** etc. und in einer Frage steht.

154 Não vejo ninguém que nos possa ajudar.

Ich sehe niemanden, der uns helfen könnte.

Não há nada que os satisfaça.

Es gibt nichts, das sie zufriedenstellt.

> Das **conj.** wird im Relativsatz gebraucht, wenn dieser nach **ninguém, nenhuma pessoa, nada,** etc. steht.

155 Aquele homem tem o que quer que seja de antipático.

Dieser Mann hat irgend etwas Unsympathisches an sich.

Quem quer que bata à porta pode entrar imediatamente.

Wer auch immer an der Tür klopft, kann sofort eintreten.

Onde (quer que) ele estivesse, havia sempre alegria.

Wo immer er war, herrschte Freude.

Das **conj.** steht oft nach den Wendungen **o que quer que, quem quer que, onde quer que** und auch **como quer que.** Manchmal können die Wörter **quer que,** vor allem nach **onde** fehlen. Weitere Wendungen der Verallgemeinerung → 171.

presente

Traga-me um café, se faz favor!	Bringen Sie mir einen Kaffee, bitte!	**156**
Ouçamos o que ele diz!	Hören wir, was er sagt!	

Das **pres. conj.** steht im Hauptsatz als Imperativ → 128.

Zum Gebrauch des **pres. conj.** sowohl in Haupt- als auch in Nebensätzen → 129–155. **157**

pretérito imperfeito

Talvez fosse melhor começares já a trabalhar.	Vielleicht wäre es besser, wenn du schon zu arbeiten beginnen würdest.	**158**
Oxalá isso acontecesse!	Hoffentlich trifft das ein!	

Das **impf. conj.** steht im Hauptsatz nach **talvez** und **oxalá,** und zwar vor allem dann, wenn die Möglichkeit bzw. die Unsicherheit gegenwärtiger oder zukünftiger Handlungen stärker betont werden sollen, als es das **pres. conj.** vermag.

Talvez o Armando estivesse no cinema, quando tu ontem o procuraste.	Vielleicht war Armando im Kino, als du ihn gestern suchtest.	**159**

Das **impf. conj.** steht auch nach **talvez** und **oxalá,** wenn eine vergangene Handlung in ihrem Ablauf betrachtet wird → **impf. ind.** 105, 106.

António estava bastante preocupado. Oxalá conseguisse chegar a casa antes do anoitecer.	Anton war sehr beunruhigt. Hoffentlich würde er vor Einbruch der Dunkelheit nach Hause kommen.	**160**

Das **impf. conj.** steht nach **talvez** und **oxalá** in Sätzen der „erlebten Rede".

161 Foi pena que chegasses tão tarde.

Es war schade, daß du so spät gekommen bist.

O Daniel não consentiu que eu pagasse a conta.

Daniel ließ nicht zu, daß ich die Rechnung bezahle.

Embora estivesse mau tempo, fomos dar um passeio.

Obgleich schlechtes Wetter war, machten wir einen Spaziergang.

> Das **impf. conj.** steht im Nebensatz grundsätzlich in den für den Gebrauch des Konjunktivs angegebenen Fällen, und zwar vor allem dann, wenn das Verb des Hauptsatzes in einer Zeit der Vergangenheit oder im **cond.** steht → 132–154.

Das **impf. conj.** kann aber auch dann im Nebensatz stehen, wenn das Verb des Hauptsatzes im **pres.** verwendet wird. Dies geschieht zumeist dann, wenn die vergangene Handlung oder der Sachverhalt in ihrem Andauern betrachtet werden:

Não creio que ele estivesse em casa.

Ich glaube nicht, daß er zu Hause war.

É de lamentar que houvesse tão pouca gente na conferência.

Es ist bedauerlich, daß so wenig Leute im Vortrag waren.

Bei den Temporal- und Konsekutivsätzen → 147, 148 überwiegt das **impf. ind.**:

Logo que o professor entrou, os alunos calaram-se.

Sobald der Lehrer eintrat, verstummten die Schüler.

Choveu de tal maneira que ninguém pôde sair.

Es regnete so stark, daß niemand hinausgehen konnte.

Wenn aber solche Sätze eine Möglichkeit ausdrücken, wird natürlich das **conj.** verwendet:

O meu amigo queria comprar um chapéu, logo que recebesse o ordenado.

Mein Freund wollte einen Hut kaufen, sobald er das Gehalt bekommen würde.

Falou de modo que todos o ouvissem.

Er sprach so, daß ihn alle hören würden.

162 Se eu encontrasse o meu livro, não precisaria/precisava do teu.

Wenn ich mein Buch fände, würde ich deines nicht benötigen.

> Das **impf. conj.** steht in irrealen Konditionalsätzen, die durch **se** eingeleitet werden. Im Hauptsatz steht das **cond.** oder, vor allem in der Umgangssprache, das **impf. ind.**

163 Era preciso que já lá estivesses quando eu chegasse.

Es wäre nötig, daß du schon zu Hause bist, wenn ich eintreffe.

Queria comprar o fato enquanto tivesse dinheiro.

Ich wollte den Anzug kaufen, solange ich Geld hatte.

> Das **impf. conj.** steht in Temporalsätzen nach **quando** und **enquanto,** wenn die Handlung oder der Sachverhalt als möglich angesehen werden.

Prometi-lhe que só faria o trabalho como ele me dissesse.	Ich versprach ihm, die Arbeit nur so zu machen, wie er es mir sagen würde.	**164**
Está frio, como se fosse Inverno.	Es ist kalt, als ob es Winter wäre.	

> Das **impf. conj.** steht in Komparativsätzen nach **como, conforme, consoante, segundo** u. ä., wenn eine Möglichkeit ausgedrückt werden soll, sowie nach **como se.**

Como já fosse tarde, voltámos para casa. (= Como já era tarde, voltámos para casa.)	Da es schon spät war, kehrten wir nach Hause zurück.	**165**

> Das **impf. conj.** kann auch in Kausalsätzen stehen, die durch **como** eingeleitet werden. In diesem Fall ist auch die Anwendung des **impf. ind.** möglich.

futuro imperfeito

Das **fut. impf. conj.** wird ausschließlich in Nebensätzen verwendet, die eine in der Zukunft liegende Handlung oder einen solchen Sachverhalt als möglich oder unsicher darstellen.		**166**

Se quisermos chegar a horas, teremos/temos de andar mais depressa.	Wenn wir zurechtkommen wollen, werden wir schneller gehen müssen. (…, müssen wir schneller gehen.)	**167**

> Das **fut. impf. conj.** steht in Konditionalsätzen der Möglichkeit nach **se.** Im Hauptsatz steht das **fut. ind.** oder, vor allem in der Umgangssprache, das **pres. ind.**

In manchen Fällen, vor allem bei Drohungen, kann man statt des **fut. conj.** das **pres. ind.** setzen:

Se amanhã não sabes/souberes a lição, apanhas um castigo.	Wenn du morgen die Lektion nicht kannst, bekommst du eine Strafe.

168   Assim que recebermos o dinheiro, vamos fazer uma viagem.

Sobald wir das Geld erhalten, werden wir eine Reise machen.

Enquanto estiver mau tempo, não podemos ir à praia.

Solange das Wetter schlecht ist, können wir nicht an den Strand gehen.

Mal eles chegarem, vamos para a mesa.

Sobald sie ankommen, gehen wir zu Tisch.

Quando saíres, apaga a luz.

Wenn du hinausgehst, schalte das Licht aus.

Das **fut. impf. conj.** steht in Temporalsätzen, die eine Möglichkeit in der Zukunft ausdrücken, nach **assim que, enquanto, logo que, mal, à medida que, quando, sempre que, todas as vezes que.** Es ist in diesem Fall auch die Verwendung des **pres. conj.** möglich → 147, bei **quando** und **enquanto** jedoch weniger üblich.

Es ist zu beachten, daß das deutsche „wenn" durch **se** oder **quando** übersetzt werden kann, je nachdem, ob es einen Konditional- oder einen Temporalsatz einleitet:

Quando/Se formos a Portugal, passamos uma semana no Algarve.

Wenn/Falls wir nach Portugal fahren, verbringen wir eine Woche im Algarve.

169   Faremos como tu disseres.

Wir werden es machen, wie du sagst.

Pode escrever a carta conforme quiser.

Sie können den Brief schreiben, wie Sie wollen.

Das **fut. impf. conj.** steht in Komparativsätzen nach **como, conforme, consoante, segundo** u. ä., wenn eine Möglichkeit in der Zukunft ausgedrückt wird.

---

170   Dou-te o livro que quiseres.

Ich gebe dir das Buch, das du willst.

Quem chegar primeiro apanha lugar sentado.

Wer zuerst kommt, erlangt einen Sitzplatz.

Entramos onde houver menos gente.

Wir gehen dort hinein, wo weniger Leute sind.

Das **fut. impf. conj.** steht in Relativsätzen nach **que, quem** und **onde,** wenn eine Möglichkeit in der Zukunft ausgedrückt wird.

In idiomatischen Wendungen der Verallgemeinerung steht das **fut. conj.** nach dem **pres. 171 conj.**:

seja quem for	wer auch immer
seja o que for	was auch immer
seja como for	wie auch immer
seja onde for	wo auch immer
seja quando for	wann auch immer
chegue quando chegar	wann auch immer er ankommt
diga quem disser	wer auch immer sagen mag
esteja onde estiver	wo auch immer er sei
faça o que fizer	was auch immer er tun mag
pense como pensar	wie auch immer er denkt

pretérito perfeito

Talvez o Armando tenha estado ontem no cinema.	Vielleicht war Armando gestern im Kino. **172**
Oxalá a Manuela tenha feito boa viagem e (tenha) chegado bem.	Hoffentlich hatte Manuela eine gute Reise und ist gut angekommen.

> Das **pret. perf. conj.** steht im Hauptsatz nach **talvez** und **oxalá,** um eine in der Vergangenheit abgeschlossene, ungewisse Handlung oder einen möglichen Zustand zu bezeichnen.

Duvido que o filme tenha sido bom.	Ich bezweifle, daß der Film gut war. **173**

> Das **pret. perf. conj.** wird im Nebensatz statt des **pres. conj.** verwendet, wenn die Handlung oder der Sachverhalt in der Vergangenheit liegen und als abgeschlossen betrachtet werden. Das Verb des Hauptsatzes steht, wie beim **pres. conj.**, im **pres. ind.** In Konzessivsätzen hingegen kann im Hauptsatz das **pret. perf. s.** stehen.

Weitere Beispiele:

É estranho que não tenham dito nada.	Es ist erstaunlich, daß sie nichts gesagt haben.
Não vamos ao teatro, a não ser que o Jorge tenha conseguido arranjar bilhetes.	Wir gehen nicht ins Theater, es sei denn, daß es Jorge gelungen ist, Karten zu bekommen.
Embora tenhamos tido pouco tempo, conseguimos visitar os principais monumentos da cidade.	Obwohl wir wenig Zeit hatten, gelang es uns, die wichtigsten Sehenswürdigkeiten der Stadt zu besichtigen.

174 Não acredito que já tenhas acabado o dese-nho quando eu voltar.

Ich glaube nicht, daß du die Zeichnung be-endet hast, wenn ich zurückkomme.

> Das **pret. perf. conj.** kann manchmal eine zukünftige Handlung oder einen solchen Sachverhalt bezeichnen, die beim Einsetzen einer neuen Handlung oder Vorliegen eines neuen Sachverhalts bereits abgeschlossen sind.

pretérito mais-que-perfeito

175 Embora tivesse ido várias vezes a Portugal, não conseguiu aprender português.

Obwohl er mehrere Male nach Portugal ge-fahren war, gelang es ihm nicht, Portugie-sisch zu lernen.

Se tivéssemos tido tempo, teríamos/tínha-mos ido a tua casa.

Wenn wir Zeit gehabt hätten, wären wir zu dir gekommen.

> Das **pret. m.-q.-perf. conj.** wird relativ selten und wenn, so analog dem **impf. conj.** verwendet → 158–165. Sowohl die abgeschlossene Handlung bzw. der gegebene Sach-verhalt als auch die zu diesen in Beziehung stehende Aussage gehören der Vergan-genheit an.

futuro perfeito

176 Quando tiveres acabado de tomar o peque-no almoço, podes/poderás levantar-te da mesa.

Wenn du das Frühstück beendet hast, kannst du vom Tisch aufstehen.

Se não tiverem estudado a lição, ficam/ficarão amanhã em casa.

Wenn sie die Lektion nicht gelernt haben, bleiben sie morgen zu Hause.

> Das **fut. perf. conj.** wird analog dem **fut. impf. conj.** → 166–171 verwendet, wenn die Handlung oder der Sachverhalt bei Eintritt einer anderen zukünftigen Handlung be-reits abgeschlossen sind und selbst in der Zukunft liegen.

Der persönliche Infinitiv (O infinitivo pessoal)

177 Das **infinitivo pessoal** ist eine Besonderheit der portugiesischen Sprache. Es handelt sich dabei – wie schon der Name sagt – um einen konjugierten Infinitiv. Da diese Verbform durch ihre Endung die dazugehörige Person auszudrücken vermag, ist es möglich, mit Hilfe des **inf. pessoal** Nebensätze zu vermeiden, die zumeist mit dem **conj.** gebildet werden.

Im Deutschen kann der Infinitiv nur dann den Nebensatz ersetzen, wenn das Subjekt des Haupt- und des Nebensatzes dasselbe ist. Die Verwendung des **infinitivo pessoal** ist hingegen auch dann möglich, wenn in Haupt- und Nebensatz verschiedene Subjekte stehen. Ist im Satzgefüge nur ein Subjekt vorhanden, kann sowohl das **infinitivo pessoal** als auch das **infinitivo impessoal** verwendet werden.

Zur Bezeichnung einer abgeschlossenen Handlung dienen die Formen des **inf. pessoal c.**; in den übrigen Fällen steht das **inf. pessoal s.**

Ficamos em casa até eles chegarem.	Wir bleiben zu Hause, bis sie kommen.	**178**
(= Ficamos em casa até que eles cheguem.)		

> Die Konstruktion **Präp.** + **inf. pessoal** wird vor allem in der Umgangssprache bevorzugt und vermag in zahlreichen Fällen Nebensätze zu ersetzen, die durch eine der Präposition entsprechende Konjunktion eingeleitet werden.

Weitere Beispiele:

Diga-nos quanto lhe devemos, para lhe podermos pagar.	Sagen Sie uns, wieviel wir Ihnen schuldig sind, damit wir Ihnen zahlen können.
(= Diga-nos quanto lhe devemos, para que lhe possamos pagar.)	
Não podemos partir sem nos despedirmos.	Wir können nicht abreisen, ohne uns zu verabschieden.
(= Não podemos partir sem que nos despeçamos.)	
Ficámos satisfeitos por eles nos terem escrito.	Wir waren froh, weil sie uns geschrieben haben.
(= Ficámos satisfeitos porque eles nos escreveram.)	
Além de termos pouco tempo, também não temos dinheiro para fazer compras.	Wir haben nicht nur wenig Zeit, wir haben auch kein Geld, um einzukaufen.
Depois de leres o livro, entrega-o ao teu primo.	Wenn du das Buch gelesen hast, übergib es deinem Cousin.

Einige der wichtigsten Präpositionen mit den entsprechenden Konjunktionen sind:

além de	(além de que)	außer
antes de	(antes que)	bevor
apesar de	(apesar de que)	trotz
após	(depois que)	nach
até	até que	bis
depois de	(depois que)	nach

a fim de	a fim de que	damit
de maneira a	de maneira que ⎫	so daß
de modo a	de modo que ⎭	
para	para que	damit
por	porque	durch/weil

Die in Klammern stehenden Konjunktionen werden etwas seltener verwendet.

179 O facto de não termos escrito não significa que não nos lembremos de ti.

Die Tatsache, daß wir nicht geschrieben haben, bedeutet nicht, daß wir uns nicht an dich erinnern.

> Nach zahlreichen Substantiven leitet die Präposition **de** eine Konstruktion mit dem **inf. pessoal** ein.

Weitere Beispiele:

Não há necessidade de fazeres tanto barulho.

Es ist nicht notwendig, daß du soviel Lärm machst.

Com medo de perderem o comboio, saíram de casa cedo de mais.

Aus Angst, den Zug zu versäumen, sind sie zu früh aus dem Haus gegangen.

Substantive, die häufig eine Verbindung mit **de + inf. pessoal** eingehen, sind:

a circunstância	der Umstand	o momento	der Augenblick
o desejo	der Wunsch	a necessidade	die Notwendigkeit
o facto	der Umstand	o perigo	die Gefahr
o hábito	die Gewohnheit	a possibilidade	die Möglichkeit
o instante	der Augenblick	o receio	die Befürchtung
a maneira	die Art	o risco	das Risiko
o medo	die Angst	o temor	die Furcht
o modo	die Art	a vontade	die Lust

180 Ele pediu-nos para o acompanharmos.
(= ... que o acompanhássemos.)

Er bat uns, ihn zu begleiten.

> Statt **pedir que + conj.** wird oft, vor allem in der Umgangssprache, **pedir para + inf. pessoal** verwendet.

Analog dazu wird bei der Wiedergabe eines Imperativs in der indirekten Rede nach **dizer** die Konstruktion **para + inf. pessoal** statt **que + conj.** verwendet:

Ele diz para lhe levares o livro.
(= ... que lhe leves o livro.)

Er sagt, daß du ihm das Buch bringen sollst.

Ao chegarmos à estação, já o comboio tinha partido.	Als wir zum Bahnhof kamen, war der Zug schon abgefahren. **181**
A falares tão baixo, ninguém te ouve.	Wenn du so leise sprichst, hört dich niemand.

Die Konstruktion **ao + inf. pessoal** leitet Temporalsätze, die Konstruktion **a + inf. pessoal** Konditionalsätze ein.

Weitere Beispiele:

A estudares tão pouco, não passas no exame.	Wenn du so wenig lernst, bestehst du die Prüfung nicht.
Ao entrarmos, tocou o telefone.	Als wir eintraten, läutete das Telefon.

Anmerkung:

Nós a entrarmos e o telefone a tocar.	Wir treten ein, und das Telefon läutet.

Die doppelte Verwendung der Präposition **a** (nicht **ao**) mit dem **inf. pessoal** unterstreicht die Gleichzeitigkeit der beiden Handlungen.

É pena termos tão pouco tempo.	Es ist schade, daß wir so wenig Zeit haben. **182**
Nem sempre é conveniente dizermos tudo o que pensamos.	Nicht immer ist es angebracht, alles zu sagen, was wir denken.

Das **inf. pessoal** nach unpersönlichen Ausdrücken entspricht in vielen Fällen der Konstruktion **que + conj.** → 143.

Vi chegarem muitos homens com bandeiras e letreiros.	Ich sah viele Männer mit Fahnen und Transparenten kommen. **183**

Das **inf. pessoal** steht oft nach den Verben der Wahrnehmung, wie **ver** (sehen), **ouvir** (hören), **sentir** (fühlen), aber auch nach **dizer** (sagen), **admirar-se** (sich wundern), **estranhar** (seltsam finden).

Weitere Beispiele:

Não ouvi o despertador tocar.	Ich habe den Wecker nicht läuten gehört.
Diz-se terem morrido muitas pessoas no acidente.	Man sagt, es seien viele Leute bei diesem Unfall ums Leben gekommen.
Estranhei não teres dito nada.	Ich fand es seltsam, daß du nichts gesagt hast.

184 O terem tanto dinheiro não significa que   Die Tatsache, daß sie so viel Geld haben,
sejam felizes.   bedeutet nicht, daß sie glücklich sind.

> Das **inf. pessoal** kann substantiviert werden und als Subjekt eines Satzes stehen.

185 Dizerem-me uma coisa destas!   Mir so etwas zu sagen!
Tratarem-nos tão mal!   Uns so schlecht zu behandeln!

> Idiomatisch ist die Verwendung des **inf. pessoal** in Ausrufungssätzen.

Der unpersönliche Infinitiv (O infinitivo impessoal)

186 Das **inf. impessoal** wird weitgehend wie der Infinitiv im Deutschen gebraucht.

187 É conveniente dizer sempre a verdade.   Es ist ratsam, stets die Wahrheit zu sagen.

> Das **inf. impessoal** steht in allgemeingültigen Feststellungen nach unpersönlichen
> Ausdrücken.

188 Já estamos atrasados. É melhor conti-   Wir sind schon im Rückstand. Es ist besser,
nuar(mos) a trabalhar.   weiterzuarbeiten.

> Bezieht sich der Infinitiv auf ein bestimmtes, nicht genanntes Subjekt, ist sowohl
> die Verwendung des **inf. impessoal** als auch des **inf. pessoal** möglich.

189 A falar(es) tão alto, acordas toda a gente.   Wenn du so laut sprichst, weckst du alle
Leute auf.

> Ist ein zu einem Infinitiv gehörendes Subjekt mit dem des Hauptsatzes identisch,
> so kann statt des normalerweise üblichen **inf. pessoal** das **inf. impessoal** stehen.

190 Para não perdermos o comboio, o melhor   Damit wir den Zug nicht versäumen, ist es
é levantarmo-nos cedo e sair de casa às sete   das Beste, früh aufzustehen und um sieben
horas.   Uhr aus dem Haus zu gehen.

> Stehen in einem Satz mehrere Infinitive, so können sie teils persönlich teils unper-
> sönlich sein.

Recordar é viver.　　　　　　　　Sich erinnern heißt leben.　　　**191**

> Das **inf. impessoal** kann, mit oder ohne Artikel, als Substantiv gebraucht werden.

Auf viele Verben kann ein **inf. impessoal** folgen. Es steht entweder unmittelbar nach dem **192** konjugierten Verb, oder aber, es wird mit diesem durch eine Präposition, wie **a, de, em, para, por,** etc. verbunden.

Verb + a + inf.　　　　　　　　　　　　　　　　　　　**193**

acostumar-se a	sich gewöhnen	levar a	führen
começar a	beginnen	meter-se ⎫	
continuar a	fortsetzen	pôr-se ⎭ a	sich daranmachen
decidir-se a	sich entschließen	principiar a	beginnen
deitar a	anfangen	recusar-se a	sich weigern
ficar a	bleiben	resolver-se a	sich entschließen
habituar-se a	sich gewöhnen	(não) tardar a	(nicht) zögern
ir a	beabsichtigen	vir a (fazer)	schließlich etwas tun

Já comecei a aprender português.　　Ich habe schon begonnen, Portugiesisch zu lernen.

O meu marido não está habituado a beber tanto.　　Mein Mann ist nicht gewohnt, so viel zu trinken.

Não tarda a nascer o Sol.　　Die Sonne wird bald aufgehen.

Resolvi-me a partir amanhã.　　Ich habe mich entschlossen, morgen abzureisen.

Verb + de + inf.　　　　　　　　　　　　　　　　　　**194**

acabar de	aufhören	gabar-se de	sich rühmen
arrepender-se de	bereuen	gostar de	mögen
cansar-se de	müde werden	lembrar-se ⎫	
deixar de	aufhören	recordar-se ⎭ de	sich erinnern
esquecer-se de	vergessen		

O rapaz arrependeu-se de ter mentido.　　Der Junge bereute, gelogen zu haben.

Já deixaste de fumar?　　Hast du schon zu rauchen aufgehört?

O barbeiro não se cansa de falar com os fregueses.　　Der Friseur wird es nicht müde, mit den Kunden zu sprechen.

195 **Verb + em + inf.**

empenhar-se em   sich bemühen
pensar (em)   denken

Todos se empenharam em o ajudar.   Alle haben sich bemüht, ihm zu helfen.
Não pensa (em) voltar.   Er denkt nicht daran, zurückzukommen.

196 **Verb + para + inf.**

estar para   im Begriffe sein
A minha amiga está para casar.   Meine Freundin wird bald heiraten.

197 **Verb + por + inf.**

acabar por   schließlich etwas tun
começar por   zuerst etwas tun
ficar por   liegen bleiben/nicht getan werden

Depois de uma luta sangrenta, o agressor   Nach einem blutigen Kampf zog sich der
acabou por se retirar.   Angreifer schließlich zurück.
Ontem o trabalho ficou por fazer.   Gestern blieb die Arbeit liegen.

198 **Verb + inf.**

conseguir	gelingen	parecer	scheinen
costumar	gewohnt sein	pensar	denken
decidir	beschließen	poder	können
desejar	wünschen	procurar	suchen
dever	sollen	querer	wollen
dignar-se	geruhen	recusar	ablehnen
fazer	machen	resolver	beschließen
intentar	beabsichtigen	saber	wissen
ir	gehen/fahren	sentir	fühlen
mandar	veranlassen	tencionar	beabsichtigen
merecer	verdienen	tentar	versuchen
ousar	wagen	vir	kommen
ouvir	hören		

Não posso sair hoje.   Ich kann heute nicht ausgehen.
Não quis dizer isso.   Ich wollte das nicht sagen.
Resolvemos partir amanhã.   Wir beschlossen, morgen abzureisen.

Mandar entspricht im allgemeinen dem deutschen „lassen", wenn ein Infinitiv folgt:

Mandei fazer um fato novo.	Ich habe einen neuen Anzug machen lassen.
Mandei vir um café.	Ich habe einen Kaffee kommen lassen.

Mandar dizer heißt „mitteilen", vor allem im Schriftverkehr:

Manda-me dizer se chegaste bem.	Schreib mir, ob du gut angekommen bist.

Einige wichtige Wendungen mit **ir:**

ir buscar	holen	ir ter a ⎫	
ir esperar alg.	jem. abholen	ir dar a ⎬	gelangen/führen zu
ir ter com alg.	jem. treffen	⎭	

Andar!	Weitergehen!	**199**
Não fazer barulho!	Nicht lärmen!	
Como resolver o problema?	Wie das Problem lösen?	

> Ähnlich wie im Deutschen können auch im Portugiesischen Befehle, Ausrufe, Anweisungen und rhetorische Fragen durch das **inf. impessoal** ausgedrückt werden.

O homem corria pela rua a gritar.	Der Mann lief schreiend durch die Straße.	**200**
Apanhei-o a copiar.	Ich erwischte ihn beim Abschreiben.	

> Die Konstruktion **a + inf.** entspricht dem **gerúndio** → 205 und kann sich sowohl auf das Subjekt als auch auf das Objekt des Satzes beziehen.

Das *gerúndio*

Das **gerúndio** ist eine unveränderliche Verbform des Portugiesischen, die, wie das deutsche 1. Partizip, zumeist ein andauerndes Sein oder ein ablaufendes Geschehen ausdrückt, jedoch viel häufiger verwendet wird als dieses. **201**

Das **gerúndio** kann niemals als Adjektiv verwendet werden. Nur in seltenen Fällen wird es mit dem 1. Partizip übersetzt.

Für seinen Gebrauch sind vorwiegend Stil bzw. Satzbau maßgebend. An Stelle fester Regeln können nur Richtlinien gegeben werden.

Ele contou, rindo, as peripécias da viagem.	Er erzählte lachend die Zwischenfälle seiner Reise.	**202**

> In solchen Fällen entspricht das **gerúndio** dem deutschen 1. Partizip.

203 Pode fazer a sua inscrição, preenchendo o impresso que junto se remete.

Sie können sich anmelden, indem Sie das beigelegte Formular ausfüllen.

O jogo do próximo domingo é aguardado com grande expectativa, sendo muito difícil prever quem vai ganhar.

Das Spiel vom nächsten Sonntag wird mit großer Spannung erwartet, wobei es sehr schwierig ist vorauszusehen, wer gewinnen wird.

Oft entspricht das **gerúndio** einem deutschen Satz, der durch „indem" oder „wobei" eingeleitet wird.

---

204 Despediu-se, dizendo que não podia ficar mais tempo.

Er verabschiedete sich und sagte, daß er nicht länger bleiben könne.

Die Konstruktion mit dem **gerúndio** ermöglicht die Vereinfachung von Satzreihen und Satzgefügen. Sie vermag Umstände der Zeit, des Grundes, der Art und Weise u. ä. auszudrücken.

Weitere Beispiele:

Ouvindo dizer que já era tarde, levantou--se imediatamente.

Als er hörte, daß es schon spät war, stand er sofort auf.

Ele chegou a casa e, não sabendo que fazer, ligou o rádio.

Er kam nach Hause und da er nicht wußte, was er tun sollte, schaltete er das Radio ein.

Chegando tarde, já não te deixam entrar.

Wenn du spät kommst, lassen sie dich nicht mehr eintreten.

205 Em ele chegando, vamos jantar.

Sobald er ankommt, werden wir zu Abend essen.

Viu-a saindo de casa.

Er sah sie aus dem Haus gehen.

Saindo de casa, viu-a.

Als er aus dem Haus ging, sah er sie.

Wenn auch in den meisten Fällen das Subjekt des Hauptsatzes mit dem des **gerúndio** identisch ist, kann es sein, daß das **gerúndio** ein eigenes Subjekt besitzt. Es ist sogar möglich, daß sich das **gerúndio** auf ein Akkusativobjekt bezieht.

---

206 Tendo perdido o comboio, voltou para casa.

Da er den Zug versäumt hatte, kehrte er nach Hause zurück.

> Das **gerúndio composto** drückt immer eine Handlung aus, die vor der in einer Vergangenheitszeit stehenden Handlung des Hauptsatzes abgeschlossen wurde.

Em chegando a casa, telefona!   Wenn du nach Hause kommst, ruf an!   **207**

> **Em + gerúndio** ersetzt einen Temporalsatz, dessen Aussage in der Zukunft liegt und der Handlung des Hauptsatzes unmittelbar vorangeht.

Dieselbe Konstruktion kann auch eine wiederholte Handlung oder eine allgemeingültige Feststellung ausdrücken:

O acontecimento tinha-o impressionado tanto, que, em se lembrando, começava a tremer.	Der Vorfall hatte ihn so beeindruckt, daß er zu zittern begann, wenn er sich daran erinnerte.
Em havendo dinheiro, ninguém se queixa.	Wenn Geld vorhanden ist, beklagt sich niemand.

Vai andando!   Geh inzwischen voraus!   **208**

> **Ir + gerúndio** kann eine freundliche Aufforderung ausdrücken.

Die Aufforderung **Vamos andando!** kann sowohl in oben angegebener Bedeutung verwendet werden, als auch einen strikten Befehl ausdrücken. Dies hängt davon ab, ob der Auffordernde innerhalb oder außerhalb der angesprochenen Personengruppe steht. Auch die elliptische Form **Andando! Andando!** (Weitergehen! Weitergehen!) ist üblich und drückt eine scharfe Aufforderung aus (Befehl von Polizisten, Soldaten, u. ä.).

Weitere Anwendungsmöglichkeiten des **gerúndio** in der periphrastischen Konjugation   **209**
→ 75–77.

Das *particípio*

Das **particípio** entspricht weitgehend dem deutschen 2. Partizip. Es wird verwendet: **210**
mit **ter** oder **haver** in den zusammengesetzten Zeiten,
mit **ser** im Vorgangspassiv,
mit **estar** im Zustandspassiv,
als Adjektiv.

211 Quando quis comprar os bilhetes, vi que tinha perdido o dinheiro.

Als ich die Karten kaufen wollte, sah ich, daß ich das Geld verloren hatte.

Ao fim de uma hora tínhamos resolvido todos os problemas.

Nach einer Stunde hatten wir alle Probleme gelöst.

> In den zusammengesetzten Zeiten bleibt das **particípio** unverändert.

212 Os feridos foram transportados para o hospital.

Die Verletzten wurden ins Krankenhaus gebracht.

A porta está fechada.

Die Tür ist geschlossen.

> Das **particípio** in Verbindung mit **ser** (Vorgangspassiv) sowie mit **estar** (Zustandspassiv) wird mit dem Subjekt in Geschlecht und Zahl übereingestimmt → 67.

213 Os documentos roubados foram encontrados numa casa abandonada.

Die gestohlenen Dokumente wurden in einem verlassenen Haus gefunden.

A sala estava superlotada.

Der Saal war überfüllt.

> Das **particípio** kann als Adjektiv sowohl attributiv als auch prädikativ gebraucht werden und wird als solches mit dem dazugehörigen Substantiv in Geschlecht und Zahl übereingestimmt.

214 Chegados a Paris, fomos imediatamente para o hotel.

In Paris angekommen, gingen wir sofort ins Hotel.

Ouvidas as notícias, desliguei o rádio.

Nachdem ich die Nachrichten gehört hatte, schaltete ich das Radio ab.

> Das **particípio** steht oft in Temporal- und Kausalsätzen. Dabei fallen Konjunktionen und Hilfsverben weg. Bei intransitiven Verben wird das **particípio** mit dem Subjekt übereingestimmt, bei transitiven Verben mit dem Akkusativobjekt.

215 Tenho publicados três livros.
(= Tenho três livros publicados.)

Von mir sind drei Bücher erschienen.

> In der idiomatischen Verbindung mit **ter** wird das **particípio** mit dem Objekt übereingestimmt.

Já estava escuro e ele ainda não tinha acendido a luz.	Es war schon dunkel, und er hatte das Licht noch nicht eingeschaltet.	**216**
Já estava escuro e a luz ainda não fora acesa.	Es war schon dunkel, und das Licht war noch nicht eingeschaltet worden.	
Já estava escuro e a luz ainda não estava acesa.	Es war schon dunkel, und das Licht war noch nicht eingeschaltet.	
Não gosto de ver tantas luzes acesas.	Ich sehe nicht gerne soviele Lichter brennen.	

> Viele Verben bilden zwei Formen des **particípio,** eine regelmäßige und eine unregelmäßige. Grundsätzlich wird die regelmäßige Form nach **ter** und **haver,** die unregelmäßige nach **ser, estar** und als Adjektiv verwendet.

Die sprachliche Entwicklung zeigt die Tendenz, manchmal auch die zusammengesetzten Zeiten mit den unregelmäßigen Formen statt mit den regelmäßigen zu bilden:

Se eu tivesse ficado em casa, não teria gasto tanto dinheiro.	Wenn ich zu Hause geblieben wäre, hätte ich nicht soviel Geld ausgegeben.
Aquele homem foi condecorado por ter salvo uma pessoa da morte.	Jenem Mann wurde ein Orden verliehen, weil er einen Menschen vom Tode errettet hat.

a) Verben mit ausschließlich unregelmäßigem Partizip: **217**

abrir	aberto	öffnen
cobrir	coberto	bedecken
escrever	escrito	schreiben
fazer	feito	machen
ver	visto	sehen
vir	vindo	kommen

b) Verben, deren regelmäßiges **particípio** kaum noch verwendet wird:

ganhar (ganhado)	ganho	verdienen
gastar (gastado)	gasto	ausgeben
pagar (pagado)	pago	zahlen
salvar (salvado)	salvo	retten

c) Verben mit ausschließlich unregelmäßigem **particípio** im Passiv:

aceitar	aceitado	aceite/aceito (br.)		annehmen
acender	acendido	aceso		anzünden
eleger	elegido	eleito		wählen
entregar	entregado	entregue		übergeben
expressar	expressado	expresso ⎫		
exprimir	exprimido	expresso ⎭		ausdrücken
expulsar	expulsado	expulso		vertreiben
fartar	fartado	farto		sättigen
frigir	frigido	frito		braten
imprimir	imprimido	impresso		drucken
limpar	limpado	limpo		reinigen
matar	matado	morto		töten
prender	prendido	preso		festnehmen
soltar	soltado	solto		lösen

d) Verben mit regelmäßigem oder mit unregelmäßigem **particípio** im Passiv:

assentar	assentado	assente		festsetzen
despertar	despertado	desperto		wecken
empregar	empregado	empregue		anwenden
envolver	envolvido	envolto		einhüllen
enxugar	enxugado	enxuto		trocknen
expelir	expelido	expulso		austreiben
extinguir	extinguido	extinto		auslöschen
fritar	fritado	frito		backen
incluir	incluído	incluso		einschließen
inserir	inserido	inserto		einfügen
isentar	isentado	isento		befreien
juntar	juntado	junto		verbinden
libertar	libertado	liberto		befreien
romper	rompido	roto		zerreißen
submergir	submergido	submerso		untertauchen
sujeitar	sujeitado	sujeito		unterwerfen
suspender	suspendido	suspenso		aufhängen

e) Bei folgenden Verben wird das regelmäßige **particípio** im Passiv verwendet, das unregelmäßige **particípio** nur noch in adjektivischer Bedeutung:

absorver	absorvido	absorto	aufsaugen
afligir	afligido	aflito	aufregen
anexar	anexado	anexo	eingliedern
benzer	benzido	bento	segnen
cativar	cativado	cativo	gefangennehmen
cegar	cegado	cego	erblinden
completar	completado	completo	vervollständigen
comprimir	comprimido	compresso	zusammendrücken
concluir	concluído	concluso	abschließen
confundir	confundido	confuso	verwirren
convencer	convencido	convicto	überzeugen
corrigir	corrigido	correcto	verbessern
corromper	corrompido	corrupto	verderben
cultivar	cultivado	culto	pflegen
descalçar	descalçado	descalço	(Schuhe) ausziehen
dispersar	dispersado	disperso	zerstreuen
distinguir	distinguido	distinto	unterscheiden
erigir	erigido	erecto	errichten
excluir	exluído	excluso	ausschließen
fixar	fixado	fixo	befestigen
infectar	infectado	infecto	anstecken
inquietar	inquietado	inquieto	beunruhigen
inverter	invertido	inverso	umkehren
livrar	livrado	livre	befreien
ocultar	ocultado	oculto	verbergen
omitir	omitido	omisso	unterlassen
oprimir	oprimido	opresso	unterdrücken
secar	secado	seco	trocknen
sepultar	sepultado	sepulto	bestatten
surpreender	surpreendido	surpreso	überraschen
tingir	tingido	tinto	färben
torcer	torcido	torto	drehen

f) Intransitive Verben, die neben dem regelmäßigen **particípio** ein unregelmäßiges besitzen, das als Adjektiv verwendet wird:

emergir	emergido	emerso	auftauchen
imergir	imergido	imerso	eintauchen
morrer	morrido	morto	sterben
murchar	murchado	murcho	welken
surgir	surgido	surto	erscheinen
vagar	vagado	vago	fehlen/frei werden

Die Übereinstimmung des Verbs mit dem Subjekt

218 Eu penso assim.   Ich denke so.

Tu não sabes o que dizes.   Du weißt nicht, was du sagst.

No Outono as árvores perdem as folhas.   Im Herbst verlieren die Bäume die Blätter.

Das Verb stimmt mit dem Subjekt in Person und Zahl überein.

---

219 O Manuel e o António chegaram tarde.   Manuel und António sind spät gekommen.

O Pedro, o irmão e a prima passaram no exame.   Pedro, sein Bruder und seine Cousine bestanden die Prüfung.

Ele e os seus vizinhos afugentaram o ladrão.   Er und seine Nachbarn schlugen den Dieb in die Flucht.

Besteht das Subjekt aus zwei oder mehreren Substantiven bzw. Pronomen, die vor dem Verb stehen, so erhält dieses die Endung der 3. P. Pl. → 223.

---

220 Chegaram tarde o Manuel e o António.   Sie sind spät gekommen, Manuel und António.

Chegou tarde o Manuel e o António.

Morreu ele e o seu fiel companheiro no imenso deserto.   Er und sein getreuer Gefährte starben in der endlosen Wüste.

Befindet sich das Verb eines Satzes vor einem aus mehreren Substantiven/Pronomen gebildeten Subjekt, deren erstes im Sg. steht, so kann auch das Verb im Sg. stehen.

O César ou o irmão vem cá hoje.	César oder sein Bruder kommt heute her. **221**
Nem um nem outro tem razão.	Weder der eine noch der andere hat recht.
Nem o rapaz nem a mãe conseguiram resolver o problema.	Weder dem Jungen noch der Mutter gelang es, das Rechenbeispiel zu lösen.

Besteht das Subjekt aus mehreren einander ausschließenden Substantiven/Pronomen, so wird das Verb allgemein im Sg. verwendet; zur Betonung der Vielzahl des Subjekts kann es auch im Pl. stehen.

Árvores, casas, montes, tudo ficava para trás.	Bäume, Häuser, Berge, alles blieb zurück. **222**

Wird das mehrgliedrige Subjekt durch ein Pronomen wie **tudo, nada, ninguém, alguém** zusammengefaßt, so steht das Verb im Singular.

O António e eu partimos amanhã para Lisboa.	António und ich reisen morgen nach Lissabon ab. **223**
Tu e o Carlos almoçam hoje comigo.	Du und Carlos eßt heute mit mir zu Mittag.
A Ana e a amiga foram ao cinema.	Anna und ihre Freundin sind ins Kino gegangen.

Wird das Subjekt von mehreren Personen gebildet, und steht eine davon in der 1. P. Sg., so wird das Verb in der 1. P. Pl. verwendet; in allen anderen Fällen in der 3. P. Pl. → 219.

Fui eu que o aconselhei. Fui eu quem o aconselhou. }	Ich war es, der ihn beraten hat. **224**
São os filhos que o ajudam. São os filhos quem o ajuda. }	Die Kinder sind es, die ihm helfen.

Ist das Subjekt das Relativpronomen **que,** so stimmt das Verb mit dem Substantiv bzw. Pronomen, auf das sich **que** bezieht, überein. Bei **quem** als Subjekt, steht das Verb immer in der 3. P. Sg. → 438.

225   A maior parte dos turistas não quis/quise-   Der Großteil der Touristen wollte nicht ins
ram ir ao museu.   Museum gehen.

Um grande número de pessoas ficaram/   Eine große Anzahl von Personen blieb an
ficou à porta.   der Tür.

> Ist das Subjekt ein Kollektiv, das mit einem Substantiv im Pl. durch die Präposition
> **de** verbunden ist, so kann das Verb entweder im Sg. oder im Pl. stehen.

Die direkte und die indirekte Rede

226   Im Portugiesischen erfordert die indirekte Rede – im Gegensatz zum Deutschen – nicht
den Konjunktiv. Die Zeit des Verbs im Hauptsatz bedingt die Verwendung bestimmter
Zeiten im Nebensatz.

In den nachstehenden Punkten werden die Veränderungen bei der Umwandlung der
direkten in die indirekte Rede aufgezeigt.

Das Verb des Hauptsatzes im Präsens oder im Futur

227   Toda a gente me diz: „Não **tenhas** medo,   Alle sagen mir: „Habe keine Angst, denn
que o exame não é difícil."   die Prüfung ist nicht schwer."

Toda a gente me diz que não **tenha** medo,   Alle sagen mir, daß ich keine Angst haben
porque o exame não é difícil.   soll, weil die Prüfung nicht schwierig sei.

O António diz na sua carta: „**Passei** este   António schreibt in seinem Brief: „Ich ver-
ano uns dias em Paris."   brachte dieses Jahr einige Tage in Paris."

O António diz na sua carta que **passou** este   António schreibt in seinem Brief, daß er
ano uns dias em Paris.   dieses Jahr einige Tage in Paris verbracht
                                               habe.

O réu com certeza dirá: „**Estou** inocente!"   Der Angeklagte wird bestimmt sagen: „Ich
                                               bin unschuldig!"

O réu com certeza dirá que **está** inocente.   Der Angeklagte wird bestimmt sagen, daß
                                               er unschuldig sei.

„**Dá**-me um copo!", diz-lhe a mãe.   „Gib mir ein Glas!", sagt ihr die Mutter.
A mãe diz-lhe que lhe **dê** um copo.   Die Mutter sagt ihr, daß sie ihr ein Glas
                                        geben solle.

> Steht das Verb des Hauptsatzes im **pres.** oder im **fut.**, so bleiben in der indirekten
> Rede die Zeiten der direkten Rede erhalten.
> Das **imperativo** wird zum **pres. conj.**

Das Verb des Hauptsatzes in einer Vergangenheitszeit

A criança disse: „Tenho frio.“

Das Kind sagte: „Mir ist kalt.“ **228**

A criança disse que tinha frio.

Das Kind sagte, daß ihm kalt sei.

Das **pres. ind.** der direkten Rede wird in der indirekten Rede zum **impf. ind.**

O Carlos disse: „Não **gostei** do livro.“

Carlos sagte: „Mir hat das Buch nicht ge- **229** fallen.“

O Carlos disse que não **tinha gostado** do livro.

Carlos sagte, daß ihm das Buch nicht gefallen habe.

A mãe perguntou ao filho: „Não **tens visto** o tio António?“

Die Mutter fragte den Sohn: „Hast du in der letzten Zeit Onkel António nicht gesehen?“

A mãe perguntou ao filho se não **tinha visto** ultimamente o tio António.

Die Mutter fragte den Sohn, ob er in der letzten Zeit nicht seinen Onkel António gesehen habe.

Das **pret. perf. s. ind.** und das **pret. perf. c. ind.** der direkten Rede werden in der indirekten Rede zum **pret. m.-q.-perf. ind.**

O amigo aceitou o convite, dizendo: „**Irei** com muito prazer.“

Der Freund nahm die Einladung an und **230** sagte: „Ich werde sehr gerne kommen.“

O amigo aceitou o convite, dizendo que **iria** com muito prazer.

Der Freund nahm die Einladung an und sagte, daß er sehr gern kommen werde.

O professor perguntou: „O João estará doente ou **terá perdido** o comboio?“

Der Lehrer fragte: „Ist João wohl krank, oder hat er vielleicht den Zug versäumt?“

O professor perguntou se o João **estaria** doente ou **teria perdido** o comboio.

Der Lehrer fragte, ob João vielleicht krank sei oder den Zug versäumt hätte.

Das **fut. ind.** der direkten Rede wird in der indirekten Rede zum **condicional.**

„**Acende** a luz!“, disse-lhe o pai.

„Schalte das Licht ein“, sagte der Vater. **231**

O pai disse-lhe que **acendesse** a luz.

Der Vater sagte, daß er das Licht einschalten solle.

O funcionário prometeu-lhe: „Vou dar andamento ao assunto, logo que **receba** os documentos que faltam.“

Der Beamte versprach ihm: „Ich werde die Angelegenheit in Fluß bringen, sobald ich die fehlenden Unterlagen erhalte.“

O funcionário prometeu-lhe que ia dar andamento ao assunto, logo que **recebesse** os documentos que faltavam.

Der Beamte versprach ihm, daß er die Angelegenheit in Fluß bringen werde, sobald er die fehlenden Unterlagen erhalte.

O irmão pediu-lhe: „Se **fores** ao correio, leva-me esta carta."

Der Bruder bat sie: „Wenn du zur Post gehst, nimm mir diesen Brief mit."

O irmão pediu-lhe que, se **fosse** ao correio, lhe levasse aquela carta.

Der Bruder bat sie, daß sie ihm diesen Brief mitnehmen solle, wenn sie zur Post ginge.

Das **imperativo, pres. conj.** und **fut. impf. conj.** der direkten Rede werden in der indirekten Rede zum **pret. impf. conj.**

---

232 „Embora não **tenha sido** fácil, consegui resolver os problemas", disse o sr. Martins.

„Obwohl es nicht leicht war, gelang es mir, die Probleme zu lösen", sagte Herr Martins.

O sr. Martins disse que, embora não **tivesse sido** fácil, conseguira resolver os problemas.

Herr Martins sagte, daß es ihm gelungen sei, die Probleme zu lösen, obwohl es nicht leicht war.

„Se o pequeno já **tiver adormecido,** não o acordem!", pediu a mãe.

„Sollte der Kleine schon eingeschlafen sein, weckt ihn nicht auf!", bat die Mutter.

A mãe pediu que, se o pequeno já **tivesse adormecido,** não o acordassem.

Die Mutter bat, daß man den Kleinen nicht wecken solle, wenn er schon eingeschlafen sei.

Das **pret. perf. conj.** und das **fut. perf. conj.** der direkten Rede werden in der indirekten Rede zum **pret. m.-q.-perf. conj.**

---

233 Eine Aussage in direkter Rede in den Zeiten **impf.** und **pret. m.-q.-perf.** sowie im **cond.** wird auch in der indirekten Rede mit den gleichen Zeiten bzw. Modi wiedergegeben:

A mulher disse ao marido: „**Chegaríamos** lá mais cedo, se **fôssemos** de carro."

Die Frau sagte zu ihrem Mann: „Wir kämen früher dort an, wenn wir mit dem Auto fahren würden."

A mulher disse ao marido que **chegariam** lá mais cedo, se **fossem** de carro.

Die Frau sagte zu ihrem Mann, daß sie früher dort ankämen, wenn sie mit dem Auto fahren würden.

O João disse-me admirado: „Não **sabia** que **tinhas** um cão!"

João sagte mir erstaunt: „Ich wußte nicht, daß du einen Hund hast!"

O João disse-me, admirado que não **sabia** que eu **tinha** um cão.

João sagte mir erstaunt, daß er nicht wisse, daß ich einen Hund habe.

O Miguel esclareceu: „O meu primo não **sabia** de nada, porque eu não lho **tinha dito.**"

Miguel erklärte: „Mein Cousin wußte von nichts, weil ich es ihm nicht gesagt hatte."

O Miguel esclareceu que o primo não **sabia** de nada, porque ele não lho **tinha dito.**

Miguel erklärte, daß sein Cousin von nichts wüßte, weil er es ihm nicht gesagt hätte.

O jornal escrevia então: „A guerra **acabara** e toda a gente saiu para a rua a festejar o acontecimento."

Die Zeitung schrieb damals: „Der Krieg war zu Ende gegangen, und alle gingen auf die Straße hinaus, um das Ereignis zu feiern."

O jornal escrevia então que a guerra **acabara** e que toda a gente saíra para a rua a festejar o acontecimento.

Die Zeitung schrieb damals, der Krieg wäre zu Ende gegangen, und alle gingen auf die Straße hinaus, um das Ereignis zu feiern.

„Não **teria emprestado** o dinheiro, se **tivesse sabido** que não era para ti", declarou-lhe o amigo.

„Ich hätte das Geld nicht geliehen, wenn ich gewußt hätte, daß es nicht für dich wäre", erklärte ihm sein Freund.

O amigo declarou-lhe que não **teria emprestado** o dinheiro, se **tivesse sabido** que não era para ele.

Der Freund erklärte ihm, daß er das Geld nicht geliehen hätte, wenn er gewußt hätte, daß es nicht für ihn war.

O meu chefe disse-me hoje: „O que você **faz** está sempre bem feito."

Mein Chef sagte mir heute: „Was Sie machen, ist immer gut gemacht." **234**

O meu chefe disse-me hoje que o que eu **faço** está sempre bem feito.

Mein Chef sagte mir heute, daß alles, was ich mache, immer gut gemacht sei.

O pintor disse-me: „**Vou** pintar a casa na próxima semana."

Der Maler sagte mir: „Ich werde das Haus nächste Woche malen."

O pintor disse-me que **vem/vinha** pintar a casa na próxima semana.

Der Maler sagte mir, daß er nächste Woche das Haus malen komme.

Werden eine allgemeingültige Feststellung oder eine Aussage, die sich auf etwas Zukünftiges bezieht, in der direkten Rede mit dem **pres. ind.** ausgedrückt, so kann dieses auch in der indirekten Rede statt des **pret. imp.** stehen, wenn die Feststellung bzw. die Aussage im Augenblick der indirekten Rede weiterhin gültig bleibt.

Die Zeitenfolge

235 Die Zeitenfolge ergibt sich aus den Regeln für die Anwendung der Zeiten sowie aus denen für die direkte und die indirekte Rede.

Die nachstehende Tabelle zeigt die wichtigsten Fälle; oft bestimmen der Charakter des Verbs oder der Satzbau die Abfolge der Zeiten.

Indicativo oder *condicional* im Nebensatz

Hauptsatz	Nebensatz	
pres. oder **fut. ind.**	jede Zeit des **ind.** oder **cond.**	
Ele diz ⎫ Ele dirá ⎭	que acaba o trabalho	(gleichzeitig)
	que acabava sempre o trabalho a horas	(vorzeitig, wiederholte Handlung)
	que acabou o trabalho	(vorzeitig)
	que tinha acabado o trabalho	(vorzeitig)
	que acabará o trabalho	(nachzeitig)
	que acabaria o trabalho etc.	(Annahme)
eine Vergangenheitszeit oder **cond.**	**impf., pret. m.-q.-perf. ind.** oder **cond.**	
Ele dizia ⎫ Ele disse ⎪ Ele tinha dito ⎬ Ele diria ⎪ etc. ⎭	que acabava o trabalho	(gleichzeitig)
	que acabara (tinha acabado) o trabalho	(vorzeitig)
	que acabaria o trabalho	(nachzeitig oder Annahme)
	que teria acabado o trabalho	(Annahme)

Conjuntivo **im Nebensatz**

Hauptsatz	Nebensatz
pres. ind. oder **fut. ind.**	**pres. conj.** oder **pret. perf. conj.**
Não acredito ⎱ Não acreditarei ⎰	que ele acabe o trabalho (gleichzeitig oder nach- zeitig) que ele tenha acabado o (vorzeitig) trabalho
Ele pode sair ⎱ Ele poderá sair ⎰	**fut. conj.** quando acabar o trabalho (nachzeitig) quando tiver acabado o (nachzeitig) trabalho
eine Vergangenheitszeit oder **cond.** Não acreditava ⎫ Não acreditei ⎪ Não tinha acreditado ⎬ Não acreditaria ⎪ etc. ⎭	**impf. conj.** oder **pret. m.-q.-perf. conj.** que ele acabasse o (gleichzeitig oder nach- trabalho zeitig) que ele tivesse acabado (vorzeitig) o trabalho

Die Frage

236 O senhor engenheiro ainda vive em Lisboa?

Wohnen Sie noch in Lissabon, Herr Ingenieur?

Ela dá explicações de inglês?

Gibt sie Nachhilfestunden in Englisch?

O avião já aterrou?

Ist das Flugzeug schon gelandet?

> Fragen ohne einleitendes Fragewort behalten die normale Wortstellung bei und sind demnach nur an der Satzmelodie als solche zu erkennen.

237 De que estão vocês a falar?

Wovon sprechen Sie gerade?

Porque estás (tu) zangado?

Warum bist du verärgert?

O que pôs o João em cima da mesa?

Was hat João auf den Tisch gestellt?

Quando chegou o comboio?

Wann ist der Zug angekommen?

> In Fragen, die durch Fragewörter eingeleitet werden, steht das Subjekt nach dem Verb. Das Personalpronomen kann wegfallen, wenn die Person aus der Verbform hervorgeht.

238 De que é que vocês estão a falar?

Wovon sprechen Sie gerade?

Porque é que (tu) estás zangado?

Warum bist du verärgert?

O que é que o João pôs em cima da mesa?

Was hat João auf den Tisch gestellt?

Quando é que o comboio chegou?

Wann ist der Zug angekommen?

Onde é que está o jornal?

Wo ist die Zeitung?

> Folgt dem Fragewort die Fügung **é que**, behält das Subjekt zumeist seine Stellung vor dem Verb bei. Ein Pronomen als Subjekt steht immer vor dem Verb; ein Substantiv als Subjekt steht im allgemeinen ebenfalls vor dem Verb, kann aber auch danach stehen.

Vais amanhã comigo, não vais?	Du gehst morgen mit mir, nicht wahr?	**239**
Pensas partir para a semana, não é (verdade)?	Du beabsichtigst, nächste Woche abzureisen, nicht wahr?	
Já tinhas visto este filme, não tinhas?	Du hattest diesen Film schon gesehen, nicht wahr?	

Ähnlich der Fügung „nicht wahr", die im Deutschen als Abschluß einer Frage üblich ist, werden im Portugiesischen das fragend-verneinte Verb/Hilfsverb oder die Wendungen **não é** und **não é verdade** verwendet.

Não perdeste o dinheiro, pois não?	Du hast das Geld nicht verloren, oder?	**240**
Não vais hoje à Universidade, pois não?	Du gehst heute nicht auf die Universität, oder?	

Nach der verneinten Frage wird die Wendung **pois não** gesetzt.

Die Verneinung

Ontem não saímos.	Gestern gingen wir nicht aus.	**241**
A moça não tinha ouvido a campainha.	Das Mädchen hatte die Glocke nicht gehört.	
Estes queijos não são bons.	Diese Käse sind nicht gut.	

Die einfachste Form der Negation erfolgt im Portugiesischen mit dem Adverb **não**, das dem Verb/Hilfsverb vorangestellt wird.
Weitere Möglichkeiten der Negation → 520–525.

Der Artikel
(O artigo)

Im Unterschied zum Deutschen gibt es im Portugiesischen nur zwei Geschlechter: mas- **242**
kulin *(género masculino)* und feminin *(género feminino)*.

Die portugiesische Sprache verfügt über einen bestimmten Artikel *(artigo definido)* und **243**
einen unbestimmten Artikel *(artigo indefinido)*.

Der bestimmte Artikel

| o saco | der Sack | | a pasta | die Mappe | **244** |
| os sacos | die Säcke | | as pastas | die Mappen | |

	m.	f.
Sg.	o	a
Pl.	os	as

Der unbestimmte Artikel

um prato	ein Teller	uma chávena	eine Tasse	**245**
uns arredores	eine Umgebung	umas férias	Ferien	
uns óculos	eine Brille	umas calças	eine Hose	
uns pratos	einige Teller	umas chávenas	einige Tassen	

	m.	f.
Sg.	um	uma
Pl.	uns	umas

Uns/umas sind Pluralformen des Artikels im eigentlichen Sinn vorwiegend bei Substantiven, die nur im Plural verwendet werden und mit Artikel stehen können sowie bei Substantiven, die eine aus zwei gleichen Elementen bestehende Menge (ein Paar) bezeichnen.

Zumeist jedoch sind die Pluralformen **uns/umas** Indefinitpronomen mit der Bedeutung „einige" → 448.

Weitere Beispiele:

O Vasco comprou ontem umas calças.	Vasco hat gestern eine Hose gekauft.
Vi uns olhos que me encantaram.	Ich sah Augen, die mich entzückten.
São umas raparigas muito malcriadas.	Es sind sehr ungezogene Mädchen.
Tenho aqui uns livros.	Ich habe hier einige Bücher.

246

O João tem uns trinta anos.	João ist ungefähr dreißig Jahre alt.
Havia lá umas cem pessoas.	Es waren an die hundert Personen dort.

Uns/umas können auch die Bedeutung „ungefähr" annehmen.

Artikel und Präpositionen – kontrahierte Formen

247 Die Präpositionen **a, de, em** und **por** werden mit dem nachfolgenden bestimmten Artikel kontrahiert.

a + o = **ao**	de + o = **do**	em + o = **no**	por + o = **pelo**
a + a = **à**	de + a = **da**	em + a = **na**	por + a = **pela**
a + os = **aos**	de + os = **dos**	em + os = **nos**	por + os = **pelos**
a + as = **às**	de + as = **das**	em + as = **nas**	por + as = **pelas**

Vamos ao cinema!	Gehen wir ins Kino!
Estou a escrever à minha amiga.	Ich schreibe gerade meiner Freundin.
Este é o livro do professor.	Das ist das Buch des Lehrers.
Há duas camas no quarto das crianças.	Es sind zwei Betten im Kinderzimmer.
Há muitos carros nas ruas.	Es gibt viele Autos auf den Straßen.
O Pedro foi convidado pelo amigo.	Pedro wurde vom Freund eingeladen.
Os rapazes correm pelos campos.	Die Knaben laufen über die Felder.

248 Die Präpositionen **de** und **em** können mit dem unbestimmten Artikel kontrahiert werden, aber auch unverbunden vor diesem stehen. Die getrennte Schreibweise ist bei **de** häufiger als bei **em**. Es besteht grundsätzlich kein Bedeutungsunterschied zwischen den beiden Varianten.

de + um	= **dum**	em + um	= **num**
de + uma	= **duma**	em + uma	= **numa**
de + uns	= **duns**	em + uns	= **nuns**
de + umas	= **dumas**	em + umas	= **numas**

Estou a ler uma carta dum amigo meu.	Ich lese gerade einen Brief eines meiner Freunde.
O Paulo trouxe fotografias duma viagem que fez no ano passado.	Paulo brachte Fotos von einer Reise, die er vergangenes Jahr gemacht hat.
A Isabel mora numa casa velha.	Isabel wohnt in einem alten Haus.
Li isto nuns livros antigos.	Ich habe das in einigen alten Büchern gelesen.

Não há perigo de as crianças se perderem.	Es besteht keine Gefahr, daß sich die Kinder verirren.
Não pude sair, por o tempo estar mau.	Ich konnte nicht hinausgehen, weil das Wetter schlecht war.
Não há possibilidade de uma pessoa trabalhar com tanto barulho.	Es ist nicht möglich, bei so viel Lärm zu arbeiten.

249

> Eine Präposition, die auf einen Infinitiv gerichtet ist, soll mit dem Artikel des nachstehenden Substantivs nicht kontrahiert werden.

Der Gebrauch des bestimmten Artikels

250 O António é um bom rapaz.   António ist ein braver Junge.
     Tenho um disco da Amália.   Ich habe eine Schallplatte von Amália.

> In der Umgangssprache steht der bestimmte Artikel vor Personennamen, um eine
> bestimmte Vertrautheit zu Verwandten, Freunden, Kollegen oder Mitarbeitern zum
> Ausdruck zu bringen.
> Auch die Namen bekannter Persönlichkeiten aus Politik, Wissenschaft, Kunst, Sport
> etc. werden oft mit dem Artikel gebraucht.

Weitere Beispiele:

A Maria ajudou-me muito.   Maria hat mir viel geholfen.
O Paulo Quintela traduziu obras da litera-   Paulo Quintela hat Werke aus der öster-
tura austríaca.   reichischen Literatur übersetzt.

In der gehobenen Sprache wird der Artikel vor Personennamen nicht gesetzt.

251 o Atlântico   a Europa
     o Reno   o Algarve

> Der bestimmte Artikel steht vor geographischen Namen, die Meere, Flüsse, Konti-
> nente, Länder, Berge, Provinzen und Gegenden bezeichnen.

Weitere Beispiele:

a Ásia	o Brasil	o Minho
a Alemanha	os Estados Unidos	o Marão
a Áustria	a França	
a Suíça		

Nachstehende Namen von Ländern und Regionen werden ohne Artikel gebraucht:

Alagoas	Marrocos	Portugal
Angola	Mato Grosso	São Paulo
Castela	Minas Gerais	Sergipe
Cuba	Moçambique	Trás-os-Montes
Israel	Pernambuco	etc.

Berlim	Viena	**252**
Lisboa	Zurique	
o Porto	o Rio de Janeiro	
(o porto – der Hafen)	(o rio – der Fluß)	

> Vor Städtenamen steht im allgemeinen kein Artikel. Bei einigen Städtenamen aus portugiesischsprachigen Ländern wird jedoch der bestimmte Artikel gesetzt. Es handelt sich dabei vorwiegend um Namen, die als Gattungsbegriffe in der Gegenwartssprache vorkommen.

Weitere Beispiele:
a Beira (a beira – der Rand/das Ufer)
as Caldas da Rainha (as caldas – die warmen Quellen)
a Figueira da Foz (a figueira – der Feigenbaum)
o Funchal (o funchal – das Fenchelfeld)

Dies gilt auch für folgende Städtenamen aus anderen Ländern:
o Cairo   Kairo   a Haia   Den Haag   o Havre   Le Havre

Andere Ortsnamen, die ebenso mit Gattungsbegriffen identisch sind, werden aber ohne Artikel gebraucht:

Albufeira	Fronteira	Torres Vedras
Castelo Branco	Torres Novas	Vendas Novas
Espinho		

o rei D. João V   a menina Beatriz
o senhor engenheiro

> Vor Titeln, vor **senhor/senhora** + Titel und vor **senhor/senhora, menino/menina** steht der bestimmte Artikel.

Weitere Beispiele:

a imperatriz Leopoldina	o senhor doutor
o padre Américo	o senhor Gonçalves

In der direkten Anrede wird jedoch kein Artikel verwendet:

Bom dia, senhor doutor!	Guten Morgen, Herr Doktor!
Como está?	Wie geht es Ihnen?

254 Deixei a minha carteira em casa.

Ich habe meine Brieftasche zu Hause gelassen.

> Vor dem Possessivpronomen steht der bestimmte Artikel → 413.

Bei Verwandtschaftsbezeichnungen ist es in der Umgangssprache üblich, den bestimmten Artikel zu gebrauchen. In der gehobenen Sprache und bei gewählter Ausdrucksweise wird der Artikel oft weggelassen:

Conheço bem a tua mãe.

Ich kenne deine Mutter gut.

Peço que apresente os meus cumprimentos a seus pais.

Ich bitte Sie, Ihren Eltern meine Grüße zu übermitteln.

Como está sua irmã?

Wie geht es Ihrer Schwester?

O primeiro-ministro e sua esposa visitaram a exposição.

Der Premierminister und seine Gattin besuchten die Ausstellung.

255 Ambas as filhas chegaram ontem.

Beide Töchter sind gestern angekommen.

Vem aí toda a família.

Da kommt die ganze Familie.

> Nach **ambos/ambas** (beide) und nach **todo/toda, todos/todas** (ganz/alle) wird der bestimmte Artikel gesetzt.

Weitere Beispiele:

Viajaram por todo o mundo.

Sie bereisten die ganze Welt.

O Vicente faz a corte a todas as raparigas.

Vicente macht allen Mädchen den Hof.

Há que considerar ambos os casos.

Es müssen beide Fälle berücksichtigt werden.

256 A Leninha tem os olhos azuis.

Leninha hat blaue Augen.

> Bei der Bezeichnung von besonderen Körpermerkmalen steht der bestimmte Artikel.

In einer neutralen Feststellung jedoch steht kein Artikel:

A Leninha tem olhos azuis.

Leninha hat blaue Augen.

257 às escuras

im Dunkeln

aos gritos

schreiend

> In einigen adverbialen Wendungen wird der Artikel gesetzt.

Weitere Wendungen:

à portuguesa	auf portugiesische Art	aos saltos	springend
à socapa	heimlich	às apalpadelas	tastend
à traição	verräterisch	às cegas	blindlings
ao desafio	um die Wette	às claras	im Hellen/unverhohlen

O ouro é mais precioso do que a prata.   Gold ist kostbarer als Silber.   **258**

A caridade é uma nobre virtude.   Die Nächstenliebe ist eine edle Tugend.

> Auch bei Stoffnamen und Abstrakta steht der bestimmte Artikel.

Der bestimmte Artikel bei Zeitangaben

às duas horas   um zwei Uhr   **259**

ao meio-dia   zu Mittag

> Bei der Angabe der Uhrzeit steht der bestimmte Artikel in Verbindung mit einer Präposition.

Weitere Beispiele:

à meia-noite	um Mitternacht
do meio-dia às três horas	von Mittag bis drei Uhr
pelas cinco e meia	gegen halb sechs

Nach dem Verb **ser** steht jedoch kein Artikel:

são duas horas	es ist zwei Uhr
é meio-dia	es ist Mittag
é meia-noite	es ist Mitternacht

o Natal	Weihnachten	**260**
os Reis	Dreikönige	
na Páscoa	zu Ostern	
no Carnaval	im Fasching	

> Bei Festen bzw. Festtagen steht der bestimmte Artikel.

In Verbindung mit **dia** (Tag) aber steht kein Artikel:

o Dia de Reis	der Dreikönigstag
o Dia de Todos os Santos	der Allerheiligentag

261   o frio Janeiro   der kalte Januar

        o Maio do ano passado   der Mai des vorigen Jahres

> Bei den Namen der Monate steht der bestimmte Artikel nur, wenn sie näher gekenn-
> zeichnet sind.

Dagegen:

Em Agosto há muito calor.   Im August ist es sehr heiß.

A Primavera começa em Março.   Der Frühling beginnt im März.

262   Falei com ele (na) quinta-feira passada.   Ich sprach mit ihm (am) vergangenen Don-
                                                     nerstag.

        Ele chegou (no) sábado.   Er ist (am) Samstag angekommen.

> Die Wochentage stehen entweder ohne Artikel oder mit Präposition + Artikel.

Steht ein Adjektiv vor der Zeitangabe, muß die Präposition mit dem Artikel verwendet
werden:

Vamos passear no próximo domingo.   Wir werden am nächsten Sonntag spazie-
                                                rengehen.

263   Munique, 15 de Maio de 1985   München, (den) 15. Mai 1985

> Vor dem Datum steht kein Artikel.

Der Gebrauch des unbestimmten Artikels

264   Ele é um pequeno Caruso.   Er ist ein kleiner Caruso.

        D. João IV era um Bragança.   D. João IV. war ein Bragança.

        Entre as obras leiloadas havia um Picasso.   Unter den versteigerten Bildern gab es
                                                      einen Picasso.

> Vor Personennamen steht der unbestimmte Artikel, um die Ähnlichkeit mit einer
> großen Persönlichkeit bzw. die Zugehörigkeit zu einer bekannten Familie auszu-
> drücken oder aber das Werk eines berühmten Künstlers zu bezeichnen.

numa certa altura	zu einem bestimmten Zeitpunkt	**265**
(= a certa altura)		
um certo homem	ein gewisser Mann	

> Bei **certo/certa** (bestimmt/gewiß) kann der unbestimmte Artikel stehen.

ter uma bronquite	eine Bronchitis haben	**266**
estar com uma colite	eine Dickdarmentzündung haben	

> Vor den Namen vieler Krankheiten wird der unbestimmte Artikel gebraucht.

Bei einigen anderen hingegen wird er nicht gesetzt:

ter sarampo	Masern haben
estar com varíola	Pocken haben

Foram todos de uma amabilidade!	Sie waren alle von einer solchen Liebens-würdigkeit!	**267**
A tua prima tem uns modos!	Deine Kusine hat Manieren!	
Aquele político tem umas ideias que me espantam!	Dieser Politiker hat Ideen, die mich ver-blüffen!	

> In gewissen gefühlsbetonten Sätzen der Umgangssprache verstärkt der unbestimmte Artikel die Wirkung der Aussage.

Nichtsetzung des Artikels

Carlos V (quinto)	Karl V. (der fünfte)	**268**
Luís XIV (catorze)	Ludwig XIV. (der vierzehnte)	
João XXIII (vinte e três)	Johannes XXIII. (der dreiundzwanzigste)	

> Vor Ordnungs- und Kardinalzahlen bei Herrschertiteln und Papstnamen steht kein bestimmter Artikel.

269 Faz favor, minha senhora!   Bitte, gnädige Frau!

> Vor einem Possessivpronomen im Vokativ steht kein Artikel; auch nicht vor Ausdrücken des Respekts und in einigen Redewendungen.

Vossa/Sua Majestade	Eure/Ihre Majestät
Vossa/Sua Excelência	Eure/Ihre Exzellenz
Sua Alteza	Ihre Hoheit
Sua Santidade	Ihre Heiligkeit
Sua Eminência	Ihre Eminenz
em minha casa	bei mir zu Hause
em meu nome	in meinem Namen

Es steht auch kein Artikel, wenn vor einem Possessivpronomen ein Demonstrativpronomen verwendet wird:

esta tua casa	dein Haus da
aquele teu livro	dein Buch dort

270 Foi eleito presidente.   Er wurde zum Präsidenten gewählt.

O meu amigo foi nomeado chefe de repartição.   Mein Freund wurde zum Abteilungsleiter ernannt.

> Bei Zeitwörtern des Wählens und Ernennens wird kein Artikel gebraucht.

271 Dá-me metade da maçã.   Gib mir die Hälfte vom Apfel.

Chegámos meia hora antes de ele partir.   Wir kamen eine halbe Stunde bevor er abreiste an.

> Vor **metade** (Hälfte) und vor **meio/meia** (halb) steht kein Artikel.

Wird jedoch der unbestimmte Artikel vor **meio/meia** gesetzt, so hat er die Bedeutung „ungefähr" → 246:

A conversa durou uma meia hora.   Das Gespräch dauerte ungefähr eine halbe Stunde.

Não conheço semelhante pessoa! Ich kenne keine solche Person!
Nunca vi semelhante coragem! Niemals sah ich solchen Mut!

> Es steht kein Artikel vor **semelhante** (solch), wenn dieses dem Substantiv vorangeht.

Steht **semelhante** jedoch nach dem Substantiv, kann der unbestimmte Artikel verwendet werden:

Nunca vi (uma) coragem semelhante! Niemals sah ich einen solchen Mut!

In Ausrufungssätzen und in verschiedenen Redewendungen wird kein Artikel gesetzt: **273**

Que desgraça!	Welch ein Unglück!
Que beleza!	Welch eine Schönheit!
Que vida!	Was für ein Leben!
fazer exame	eine Prüfung ablegen
fazer força	sich anstrengen
não fazer caso	sich nichts daraus machen
fazer alguma coisa de caminho	etwas unterwegs erledigen
dar aulas	unterrichten
ter fim	ein Ende haben
ter direito a	ein Recht haben zu
tomar banho	ein Bad nehmen
Toma cuidado!	Nimm dich in acht! Paß auf!
tomar conta de uma coisa/de alguém	auf etwas/jemanden aufpassen
perder de vista	aus den Augen verlieren
estar em cuidados	in Sorge sein
falar verdade	die Wahrheit sprechen
ir a caminho	unterwegs sein

Das Substantiv
(O substantivo)

Das Geschlecht der Substantive

o prato	der Teller	a rosa	die Rose
o sol	die Sonne	a cadeira	der Stuhl
o ovo	das Ei	a lei	das Gesetz

274

Portugiesische Substantive sind entweder maskulin oder feminin. Von zahlreichen Ausnahmen abgesehen, enden sie in Übereinstimmung mit dem zugehörigen bestimmten Artikel **o/a** auf **-o** bzw. **-a.**
Es empfiehlt sich, diesen zugleich mit den Substantiven zu lernen, weil es für deren Geschlechtszugehörigkeit, außer beim natürlichen Geschlecht, zumeist keine Begründung gibt.

Die Erkennung des Geschlechtes auf Grund der Endung

o dedo	der Finger	o fim	das Ende
o chá	der Tee	o boi	der Ochse
o botão	der Knopf	o herói	der Held
o pau	der Stock	o tom	der Ton
o cartaz	das Plakat	o arroz	der Reis
o desdém	die Verachtung	o sal	das Salz
o revés	der Rückschlag	o mar	das Meer
o mês	der Monat	o peru	der Truthahn
o céu	der Himmel	o lume	das Feuer
o táxi	das Taxi	o capuz	die Kapuze

275

Maskulin sind meist die Substantive auf **-o, -á, -ão** (Konkreta), **-au, -az, -ém, -és, -ês, -éu, -i, -im, -oi, -ói, -om, -oz, -l, -r, -u, -ume, -uz.**

a tribo	der Stamm	a catedral	die Kathedrale
a virago	das Mannweib	a pastoral	der Hirtenbrief
a pá	die Schaufel	a baixa-mar	die Ebbe
a paz	der Friede	a colher	der Löffel
a tenaz	die Zange	a cor	die Farbe
a cecém	die Lilie	a dor	der Schmerz
a rês	das Schlachtvieh	a flor	die Blume
a foz	die Mündung	a mulher	die Frau
a noz	die Nuß	a cruz	das Kreuz
a voz	die Stimme	a luz	das Licht
a cal	der Kalk		

276

a carta	der Brief	a tolice	die Torheit
a nação	die Nation	a raiz	die Wurzel
a mercê	die Gnade	a imagem	das Bild
a grei	die Herde	a vontade	der Wille

> Feminin sind meist die Substantive auf **-a, -ão** (Abstrakta), **-ê, -ei, -ice, -iz, -gem, -ade.**

Ausnahmen:

o alerta	der Alarm	o poeta	der Dichter
o cisma	das Schisma	o problema	das Problem
o clima	das Klima	o programa	das Programm
o crisma	die Firmung	o sósia	der Doppelgänger
o cura	der Pfarrer	o rei	der König
o dia	der Tag	o cariz	das Aussehen
o dilema	das Dilemma	o giz	die Kreide
o mapa	die Landkarte	o juiz	der Richter
o monarca	der Monarch	o nariz	die Nase
o nauta	der Seemann	o almargem	die Weide

Die Erkennung des Geschlechtes auf Grund der Bedeutung

o homem	der Mann	o dever	die Pflicht	**277**
Janeiro	Januar	o mal	das Übel	
o Sul	der Süden	o sim	das Ja	
o „b"	das „B"	o como	das Wie	

> Maskulin sind die Namen männlicher Wesen, die Monate, die Himmelsrichtungen, die Buchstaben des Alphabets und substantivisch gebrauchte Verben, Adjektive, Adverbien etc.

a mulher	die Frau	a bondade	die Güte	**278**
a laranjeira	der Orangenbaum	a matemática	die Mathematik	
a terça-feira	der Dienstag	a filosofia	die Philosophie	

> Feminin sind die Namen weiblicher Wesen, die meisten Obstbäume, die Wochentage, die Charaktereigenschaften, die Wissenschaften.

Einige Obstbäume sind maskulin:

o castanheiro	der Kastanienbaum
o limoeiro	der Zitronenbaum
o marmeleiro	der Quittenbaum

Die Frucht hat meist dasselbe Geschlecht wie der entsprechende Baum:

a laranjeira/a laranja	der Orangenbaum/die Orange
o limoeiro/o limão	der Zitronenbaum/die Zitrone

Ausnahmen:

a figueira/o figo	der Feigenbaum/die Feige
o castanheiro/a castanha	der Kastanienbaum/die Kastanie

Bei den Wochentagen sind **sábado** und **domingo** maskulin.

o/a amante	der/die Geliebte	**279**
o/a artista	der/die Künstler(in)	
o/a intérprete	der/die Übersetzer(in)	
o/a jovem	der/die Jugendliche	

> Einige Substantive sind maskulin oder feminin *(comuns de dois),* je nachdem, ob sie sich auf ein männliches oder auf ein weibliches Wesen beziehen.

280

a criança	das Kind
o indivíduo	das Individuum
a pessoa	die Person
a testemunha	der Zeuge/die Zeugin
a vítima	das Opfer

> Einige Substantive sind für beide Geschlechter gleich *(sobrecomuns)*.

281

o/a caixa	der/die Kassier(in)/die Schachtel
o/a capital	das Kapital/die Hauptstadt
o/a cura	der Pfarrer/die Kur
o/a final	das Ende/das Endspiel

> Einige Substantive haben verschiedene Bedeutung, je nachdem, ob sie männlich oder weiblich verwendet werden.

282

o balanço/a balança	die Bilanz/die Waage
o fado/a fada	das Schicksal/die Fee
o modo/a moda	die Art/die Mode
o ponto/a ponta	der Punkt/die Spitze

> Viele Substantive mit gleichem Stamm ändern ihre Bedeutung, je nachdem, ob sie die weibliche oder die männliche Endung annehmen.

283

o fruto/a fruta	die Frucht/das Obst
o lenho/a lenha	das Holzscheit/das Brennholz
o ovo/a ova	das Ei/der Eierstock
o ramo/a rama	der Zweig/das Gezweig

> Bei einigen Substantiven mit gleichem Stamm bezeichnet die weibliche Form das Kollektiv.

284

o banco/a banca	{ die Sitzbank/die große Bank { das Geldinstitut/die Banken
o barco/a barca	das Boot/die Barke
o rio/a ria	der Fluß/die Flußniederung
o saco/a saca	der Sack/der große Sack

Die Bildung der weiblichen Form der Substantive

o aluno/a aluna   der/die Schüler(in)   **285**
o filho/a filha   der Sohn/die Tochter
o vizinho/a vizinha   der/die Nachbar(in)

Bei den männlichen Substantiven, die auf **-o** enden und eine weibliche Form besitzen, hat diese die Endung **-a** statt **-o**.

o porco/a porca   der Eber/die Sau
o sogro/a sogra   der Schwiegervater/die Schwiegermutter

Ist der Tonvokal des männlichen Substantivs ein geschlossenes **o**, so öffnet sich dieses meist in der weiblichen Form.

Ausnahmen:
o lobo/a loba   der Wolf/die Wölfin
o moço/a moça   der Junge/das Mädchen

o autor/a autora   der Autor/die Autorin   **286**
o deus/a deusa   der Gott/die Göttin
o marquês/a marquesa   der Marquis/die Marquise
o senhor/a senhora   der Herr/die Frau

Die meisten Substantive, die auf einen Konsonanten enden, fügen in der weiblichen Form ein **-a** an.

o vencedor/a vencedora   der Sieger/die Siegerin   **287**
o escritor/a escritora   der Schriftsteller/die Schriftstellerin

Die männlichen Substantive auf **-dor** und **-tor** fügen meist in der weiblichen Form ein **-a** an → 286.

Bei einigen Substantiven auf **-dor** gibt es eine weibliche Form auf **-deira**, manchmal auch neben der Form auf **-dora**:

o cantador/a cantadeira   der Sänger/die Sängerin

o vendedor/a vendedora   der Verkäufer/die Verkäuferin
   a vendedeira

Einige Substantive ersetzen **-dor** bzw. **-tor** durch **-triz**:

o imperador/a imperatriz   der Kaiser/die Kaiserin

o actor/a actriz   der Schauspieler/die Schauspielerin

288 o elefante/a elefanta   der Elefant/die Elefantenkuh

   o hóspede/a hóspeda   der Gast

   o infante/a infanta   der Infant/die Infantin

   o monge/a monja   der Mönch/die Nonne

Endet die männliche Form auf unbetontes **-e**, so wird dieses in der weiblichen Form zumeist durch **-a** ersetzt.

---

289 o conde/a condessa   der Graf/die Gräfin

   o duque/a duquesa   der Herzog/die Herzogin

   o poeta/a poetisa   der Poet/die Poetin

   o galo/a galinha   der Hahn/die Henne

   o herói/a heroína   der Held/die Heldin

Einige männliche Substantive bilden die weibliche Form mit Hilfe der Endungen **-essa, -esa, -isa, -inha, -ina**.

---

290 o alemão/a alemã   der/die Deutsche

   o campeão/a campeã   der/die Meister(in)

   o irmão/a irmã   der Bruder/die Schwester

   o órfão/a órfã   der/die Waise

Einige männliche Substantive auf **-ão** ersetzen diese Endung in der weiblichen Form durch **-ã**.

Die weibliche Form von **sultão** lautet **sultana**.

o leão/a leoa	der Löwe/die Löwin	**291**
o patrão/a patroa	der Herr/die Herrin	
o mandrião/a mandriona	der Faulpelz	
o valentão/a valentona	der Kraftbursche/das tapfere Weib	

Eine Reihe von Substantiven auf **-ão** bilden die weibliche Form auf **-oa** bzw. **-ona**.

Die Substantive auf **-ão**, die die weibliche Form auf **-ona** bilden, sind Augmentative und/oder substantivierte Adjektive → 314.

o avô/a avó	der Großvater/die Großmutter	**292**
o frade/a freira	der Mönch/die Nonne	
o ladrão/a ladra	der/die Dieb(in)	
o príncipe/a princesa	der/die Prinz(essin)	
o rapaz/a rapariga	der Knabe/das Mädchen	
o réu/a ré	der/die Angeklagte	

Einige Substantive behalten in der weiblichen Form zwar noch den Stamm der männlichen, folgen jedoch keiner der oben angeführten Regeln.

o cão/a cadela	der Hund/die Hündin	**293**
o carneiro/a ovelha	der Hammel/das Schaf	
o cavalheiro/a dama	der Herr/die Dame	
o cavalo/a égua	der Hengst/die Stute	
o genro/a nora	der Schwiegersohn/die Schwiegertochter	
o homem/a mulher	der Mann/die Frau	

Bei einigen Substantiven sind die weiblichen Formen völlig verschieden von den männlichen.

Die Bildung des Plurals der Substantive

294 Die Pluralbildung bei einfachen Substantiven

o dedo/os dedos	der/die Finger
o pente/os pentes	der Kamm/die Kämme
a porta/as portas	die Tür(en)
a lei/as leis	das/die Gesetz(e)
a irmã/as irmãs	die Schwester(n)
a mãe/as mães	die Mutter/die Mütter

> Die Substantive, die im Sg. auf einen einfachen Vokal, auf einen oralen oder nasalen Diphthong enden, fügen im Pl. ein -s an. Ausgenommen davon sind die meisten Substantive auf **-ão**.

295

o almoço/os almoços	das/die Mittagessen
o jogo/os jogos	das/die Spiel(e)
o olho/os olhos	das/die Auge(n)
o osso/os ossos	der/die Knochen
o ovo/os ovos	das/die Ei(er)
o povo/os povos	das Volk/die Völker

> Viele Substantive, die im Sg. ein geschlossenes **o** in der betonten vorletzten Silbe haben, öffnen dieses im Plural.

Andere jedoch behalten im Pl. das geschlossene **o** bei:

o bolo/os bolos	der/die Kuchen
o gosto/os gostos	der Geschmack/die Geschmäcke
o lobo/os lobos	der Wolf/die Wölfe
o rosto/os rostos	das/die Gesicht(er)

296

a mão/as mãos	die Hand/die Hände
o pão/os pães	das/die Brot(e)
a lição/as lições	die Lektion(en)
o órfão/os órfãos	der/die Waise(n)

Die Substantive mit der betonten Endung **-ão** bilden den Pl. auf **-ãos, -ães** oder **-ões**.
Die meisten davon, einschließlich aller Neubildungen, nehmen im Pl. die Endung
-ões an.
Sämtliche Substantive mit der unbetonten Endung **-ão** fügen im Pl. ein **-s** an.

Weitere Beispiele:

o cristão/os cristãos	der/die Christ(en)
o irmão/os irmãos	der Bruder/die Brüder
o capitão/os capitães	der/die Kapitän(e)
o cão/os cães	der/die Hund(e)
a canção/as canções	das/die Lied(er)
a construção/as construções	die Konstruktion(en)
o melão/os melões	die Melone(n)
a nação/as nações	die Nation(en)
a produção/as produções	die Produktion(en)
a bênção/as bênçãos	die Segnung(en)
o órgão/os órgãos	die Orgel(n), das/die Organ(e)

Einige Substantive haben im Pl. zwei oder drei Formen. Jene auf **-ões** zeigen die Tendenz, die anderen allmählich zu verdrängen:

o aldeão/os aldeãos	der/die Dorfbewohner
os aldeães	
os aldeões	
o corrimão/os corrimãos	das/die Geländer
os corrimões	
o Verão/os Verãos	der/die Sommer
os Verões	

o professor/os professores	der/die Lehrer
o país/os países	das Land/die Länder
o rapaz/os rapazes	der/die Junge(n)

297

Die Substantive mit den Endungen **-r, -s, -z** hängen, wenn sie auf der letzten Silbe
betont sind, im Pl. **-es** an.

Weitere Beispiele:

a flor/as flores	die Blume(n)
a mulher/as mulheres	die Frau(en)
o deus/os deuses	der Gott/die Götter
a cruz/as cruzes	das/die Kreuz(e)

Auch **carácter** folgt dieser Regel und hat den Pl. **caracteres**, obwohl die vorletzte Silbe betont wird.

Einige wenige Substantive auf **-n** bilden ebenfalls den Pl. auf **-es**, haben jedoch meist noch eine Nebenform mit der Endung **-e** und der regelmäßigen Pluralendung **-s**:

o abdómen/os abdómenes	der Bauch/die Bäuche
o abdome/os abdomes	
o cânon/os cânones	der/die Kanon(s)
o cânone/os cânones	
o certámen/os certámenes	der Wettkampf/die Wettkämpfe
o certame/os certames	
o espécimen/os especímenes	das/die Muster
o espécime/os espécimes	
o dólmen/os dólmenes	der/die Dolmen

Bei diesem Beispiel ist die Form auf **-e** nicht gebräuchlich.

298

o/os alferes	der/die Fähnrich(e)
o/os atlas	der Atlas/die Atlasse
o/os lápis	der/die Bleistift(e)
o/os ourives	der/die Goldschmied(e)
o/os pires	die Untertasse(n)

> Substantive auf **-s**, die auf der vorletzten Silbe betont sind, bleiben im Pl. unverändert.

Unverändert bleiben auch einige Substantive, die auf der letzten Silbe betont sind, sowie einige andere mit der Endung **-x**:

o/os arrais	der/die Bootsführer
o/os cais	der/die Kai(e)
o/os cós	der Bund/die Bünde
a/as fénix	der/die Phönix(e)
o/os tórax	der Brustkorb/die Brustkörbe

Ausnahmen:

o sílex (sílice)/os sílices	der/die Kiesel
o cálix (cálice)/os cálices	der/die Kelch(e)

o animal/os animais	das/die Tier(e)	**299**
o papel/os papéis	das/die Papier(e)	
o barril/os barris	das Faß/die Fässer	
o lençol/os lençóis	das Leintuch/die Leintücher	
o paul/os pauis	der Sumpf/die Sümpfe	

> Die Substantive mit der Endung **-l** ersetzen dieses im Pl. durch **-is**, wobei die Endung **-il** einfach zu **-is** wird.

Weitere Beispiele:

o jornal/os jornais	die Zeitung(en)
o pardal/os pardais	der/die Sperling(e)
o anel/os anéis	der/die Ring(e)
o quartel/os quartéis	die Kaserne(n)
o ardil/os ardis	die List(en)
o funil/os funis	der/die Trichter
o sol/os sóis	die Sonne(n)

Ausnahmen:

o mal/os males	das/die Übel
o cônsul/os cônsules	der/die Konsul(n)

Substantive, die auf unbetontes **-el** bzw. **-il** enden, ersetzen diese durch unbetontes **-eis**:

o túnel/os túneis	der/die Tunnel
o fóssil/os fósseis	das/die Fossil(ien)
o projéctil/os projécteis	das Geschoß/die Geschosse
o réptil/os répteis	das/die Reptil(ien)

o armazém/os armazéns	das Warenhaus/die Warenhäuser	**300**
a viagem/as viagens	die Reise(n)	
o jardim/os jardins	der Garten/die Gärten	
o som/os sons	der Ton/die Töne	
o atum/os atuns	der/die Thunfisch(e)	

> Die Endung **-m** wird im Pl. zu **-ns**.

o animalzinho/os animaizinhos	das/die Tierchen	**301**
o pãozinho/os pãezinhos	das/die Brötchen	
o melãozito/os melõezitos	die kleine(n) Melone(n)	

> Bei der Pluralbildung von Diminutiven auf **-zinho** und **-zito** nimmt auch das Grundwort die Pluralform, jedoch ohne Schluß-s, an.

Diminutivformen → 315.

302

o papelinho/os papelinhos	der/die Zettel
o pardalinho/os pardalinhos	das/die Spätzchen

> Vor dem Diminutivsuffix **-inho** wird das Grundwort nicht in den Pl. gesetzt.

303

o ouro	das Gold
o leite	die Milch
a fé	der Glaube
o socialismo	der Sozialismus

> Einige Substantive, die Metalle und andere Stoffe, sowie gewisse abstrakte Begriffe bezeichnen, werden im allgemeinen nur im Sg. verwendet.

304

as alvíssaras	der Finderlohn
os arredores	die Umgebung

> Einige Substantive werden nur im Pl. verwendet.

Weitere Beispiele:

as calças	die Hose
os esponsais	die Verlobung
as exéquias	die Trauerfeier
as férias	die Ferien
as matinas	das Frühgebet
as núpcias	die Hochzeit
os óculos	die Brille
os parabéns	die Glückwünsche
os pêsames	das Beileid
as primícias	die Erstlinge
os víveres	die Lebensmittel

305

a água/as águas	das Wasser/das Heilwasser
a ânsia/as ânsias	die Angst/die Übelkeit

Bei einigen Substantiven kann die Pluralform neben der ursprünglichen auch noch eine andere Bedeutung annehmen.

Weitere Beispiele:

o ar/os ares	die Luft/das Klima
o banho/os banhos	das Bad/das Heiratsaufgebot
o género/os géneros	die Gattung/die Lebensmittel
o miolo/os miolos	das Mark, die Krume/das Gehirn
o pai/os pais	der Vater/die Eltern
a sorte/as sortes	das Glück/die Musterung

Die Pluralbildung bei zusammengesetzten Substantiven

a aguardente/as aguardentes	der/die Branntwein(e)	**306**
o girassol/os girassóis	die Sonnenblume(n)	
o malmequer/os malmequeres	die Margerite(n)	
o passatempo/os passatempos	der/die Zeitvertreib(e)	

Zusammengesetzte Substantive *(substantivos compostos)*, die in einem Wort geschrieben werden, bilden den Plural am Ende des Wortes, gemäß den angeführten Regeln.

o chapéu-de-sol/os chapéus-de-sol	der Sonnenhut/die Sonnenhüte	**307**
a estrela-do-mar/as estrelas-do-mar	der/die Seestern(e)	
o pão-de-ló/os pães-de-ló	der/die Biskuitkuchen	

Bei Substantiven, die durch die Präposition **de** verbunden sind, steht nur das erste im Plural.

o amor-perfeito/os amores-perfeitos	das/die Stiefmütterchen	**308**
a couve-flor/as couves-flores	der Blumenkohl	
o guarda-nocturno/os guardas-nocturnos	der/die Nachtwächter	
a obra-prima/as obras-primas	das/die Meisterwerk(e)	

Handelt es sich bei der Zusammensetzung um Substantiv + Substantiv oder um Substantiv + Adjektiv, so erhalten beide Teile die Pluralendung.

309   o camião-cisterna/os camiões-cisterna   der/die Tankwagen

o navio-escola/os navios-escola   das/die Schulschiff(e)

a palavra-chave/as palavras-chave   das Schlüsselwort/die Schlüsselwörter

---

> Besteht ein zusammengesetztes Substantiv aus zwei Substantiven, und ist das zweite eine attributive Ergänzung des ersten, so wird nur dieses in den Plural gesetzt.

310   o gentil-homem/os gentis-homens   der Edelmann/die Edelleute

o alto-relevo/os altos-relevos   das/die Hochrelief(s)

o baixo-relevo/os baixos-relevos   das/die Flachrelief(s)

a má-língua/as más-línguas   die böse(n) Zunge(n)

a segunda-feira/as segundas-feiras   der/die Montag(e)

> Stehen im zusammengesetzten Substantiv an erster Stelle ein Adjektiv und an zweiter Stelle ein Substantiv, so nehmen zumeist beide Teile die Pluralendung an.

Ausnahmen:

o salvo-conduto/os salvo-condutos   der/die Geleitbrief(e)

o grão-duque/os grão-duques   der Großherzog/die Großherzöge

o grão-mestre/os grão-mestres   der/die Großmeister

o alto-falante/os alto-falantes   der/die Lautsprecher

311   o guarda-chuva/os guarda-chuvas   der/die Regenschirm(e)

o guarda-fato/os guarda-fatos   der Kleiderschrank/die Kleiderschränke

o recém-nascido/os recém-nascidos   das/die Neugeborene(n)

o vice-presidente/os vice-presidentes   der/die Vizepräsident(en)

> Bei der Zusammensetzung eines Verbs oder unveränderlichen Wortes mit einem Substantiv, nimmt nur dieses die Pluralendung an.

Bei folgenden zusammengesetzten Substantiven gibt es für Sg. und Pl. nur eine Form:

o/os arranha-céus   der/die Wolkenkratzer

o/os guarda-lamas   der/die Kotflügel

o/os limpa-chaminés   der/die Kaminkehrer

o/os quebra-nozes   der/die Nußknacker

o/os saca-rolhas   der/die Korkenzieher

o/os tira-linhas   die Reißfeder(n)

o chupa-chupa/os chupa-chupas   der/die Lutscher

o pisca-pisca/os pisca-piscas   das/die Blinklicht(er)

> Wird ein Substantiv aus zwei Verbformen zusammengesetzt, so nimmt nur die zweite die Pluralendung an.

Der Plural bei Eigennamen

os Monteiros

os Parreiras

> Faßt man die Mitglieder einer Familie zusammen, so kann man den Eigennamen in den Plural setzen.

Sind Personen gemeint, die bestimmte Eigenschaften oder Merkmale von Persönlichkeiten haben, so kann man auch diese Eigennamen in den Plural setzen:

os Alexandres   Männer wie Alexander (der Große)

os Camões   Leute wie Camões

os Cíceros   Männer wie Cicero

Augmentativ- und Diminutivformen von Substantiven

Augmentative *(substantivos aumentativos)* werden mit Hilfe verschiedener Suffixe gebildet.   **314**

Die wichtigsten sind:

-ão/-ona, -zão/-zona

portão	Tor	
homenzão	großer, starker Mann	

mulherão ⎫
mulherona ⎬ große, starke Frau
       ⎭

-arrão, -zarrão

gatarrão   große Katze

homenzarrão   großer, starker Mann

Weitere Augmentativsuffixe:

-aça

barcaça	Barkasse
mulheraça	große, starke Frau

-aço

ricaço	sehr reicher Mann

-alhão

facalhão	großes Messer

-anzil

corpanzil	großer Körper, korpulenter Mensch

-arra

bocarra	großer Mund

-ázio

copázio	großes Trinkglas

-eirão

vozeirão	starke, tiefe Stimme

-orra

cabeçorra	großer Kopf

-uça

dentuça	großes Gebiß

Die Augmentative auf **-ão** sind stets männlich, selbst dann, wenn sie von einem weiblichen Grundwort abgeleitet sind.

Vielfach nehmen die Augmentativformen auch pejorativen Charakter an.

315 Diminutive *(substantivos diminutivos)* werden ebenfalls mit Hilfe verschiedener Suffixe gebildet.

Die häufigsten sind:

-inho/-inha, -zinho/-zinha

copinho	Gläschen		cãozinho	Hündchen
cadeirinha	kleiner Sessel		irmãzinha	Schwesterchen

-ito/-ita, -zito/-zita

pedacito	Stückchen		jardinzito	kleiner Garten
casita	Häuschen		dorzita	kleiner Schmerz

Weitere Diminutivsuffixe:

-acho

riacho	Bächlein

-eca

soneca	Schläfchen

-eco

livreco	kleines, schlechtes Buch; Schmöker

-ejo

lugarejo	kleine Ortschaft

-ela

ruela	Gäßchen

-elho

rapazelho	kleiner Junge

-ico

burrico	Eselchen

-ino/-ina

pequenino	Kleine
pequenina	

-ola

rapazola	kleiner Junge
aldeola	kleines Dorf

-ote/-ota

velhote	alter Mann
velhota	alte Frau
ilhota	kleine Insel

Viele Diminutivformen drücken Zärtlichkeit und gefühlsbetonte Zuwendung aus. Einige können auch pejorativen Charakter annehmen.

Das Adjektiv
(O adjectivo)

Passei este ano umas férias magníficas.	Ich verbrachte dieses Jahr herrliche Ferien.	**316**
Este ano as minhas férias foram magníficas.	Dieses Jahr waren meine Ferien herrlich.	

> Das portugiesische Adjektiv ist in Geschlecht und Zahl veränderlich. Es stimmt mit dem Substantiv überein, gleichgültig, ob es attributiv oder prädikativ gebraucht wird.

Das Geschlecht der Adjektive

agrícola	landwirtschaftlich	exemplar	beispielhaft	**317**
prudente	vorsichtig	simples	einfach	
útil	nützlich	audaz	kühn	
comum	allgemein			

> Die Adjektive mit den Endungen **-a, -e, -l, -m, -r, -s, -z** haben im Portugiesischen nur eine Form für beide Geschlechter (*adjectivos uniformes*).

Weitere Beispiele:

vinícola	Wein ...	ruim	schlecht
inteligente	intelligent	modelar	mustergültig
nacional	national	reles	schäbig
notável	bemerkenswert	feliz	glücklich
jovem	jung		

Ausnahmen:

espanhol/espanhola	spanisch
bom/boa	gut
andaluz/andaluza	andalusisch

Adjektive mit den Endungen **-ês** und **-or** → 322.

Auch das Adjektiv **só** (allein, einzig) hat nur eine Form für beide Geschlechter.

318

branco/branca	weiß
falador/faladora	gesprächig
cru/crua	roh
português/portuguesa	portugiesisch
vão/vã	vergeblich
europeu/europeia	europäisch

> Die Mehrheit der Adjektive hat für beide Geschlechter eigene Formen *(adjectivos biformes)*. Dazu gehören jene mit den Endungen **-o, -or, -u, -ês, -ão, -eu**.

Unter den Adjektiven auf **-ês, -or** und **-u** gibt es welche, die nur eine Form haben → 322.

Die Bildung der weiblichen Form der Adjektive

319

o gato preto	der schwarze Kater
a gata preta	die schwarze Katze
o cantor alemão	der deutsche Sänger
a cantora alemã	die deutsche Sängerin

> Die Bildung der weiblichen Form der Adjektive entspricht im wesentlichen jener der Substantive.

320

bonito/bonita	schön
vermelho/vermelha	rot

> Die Adjektive mit der unbetonten Endung **-o** ersetzen diese in der weiblichen Form durch **-a**.

composto/composta	zusammengesetzt	**321**
generoso/generosa	großzügig	
novo/nova	neu	
perigoso/perigosa	gefährlich	

> Viele Adjektive mit geschlossenem **o** in der betonten vorletzten Silbe verwandeln dieses in der weiblichen Form zumeist in ein offenes **o** → 329.

Einige Adjektive, die in der weiblichen Form das geschlossene **o** beibehalten, sind:

fofo/fofa	weich
gordo/gorda	dick
oco/oca	hohl
roto/rota	zerrissen
roxo/roxa	violett

burguês/burguesa	bürgerlich	**322**
encantador/encantadora	bezaubernd	
sedutor/sedutora	verführerisch	
nu/nua	nackt	

> Adjektive mit den Endungen **-ês, -or** oder **-u** fügen in der weiblichen Form ein **-a** hinzu.

Eine Reihe von Adjektiven mit diesen Endungen haben jedoch für beide Geschlechter nur eine Form:

cortês	höflich	anterior	vorhergehend
montês	wild	citerior	diesseitig
pedrês	schwarz und weiß	exterior	Außen ...
	gesprenkelt	multicolor	vielfarbig
incolor	farblos	pior	schlechter
inferior	Unter ...	posterior	Hinter ...
maior	größer	sensabor	geschmacklos
melhor	besser	superior	höher/größer
menor	kleiner	hindu	indisch
ulterior	später/Hinter ...		

323 brincalhão/brincalhona   verspielt
são/sã   gesund

> Die Adjektive mit der Endung **-ão**, welche die besondere Intensität einer Eigenschaft ausdrücken und dabei oft einen pejorativen oder ironischen Charakter annehmen, haben in der weiblichen Form die Endung **-ona** → 314.
> Andere Adjektive mit der Endung **-ão** verwandeln diese in der weiblichen Form zu **-ã**.

Weitere Beispiele:
glutão/glutona   gefräßig
solteirão/solteirona   ledig (in der Bedeutung „eingefleischter
                            Junggeselle"/„alte Jungfer")
valentão/valentona   tapfer, tüchtig
alemão/alemã   deutsch
temporão/temporã   frühreif

324 ateu/ateia   atheistisch
europeu/europeia   europäisch
hebreu/hebreia   hebräisch
plebeu/plebeia   pöbelhaft

> Die Adjektive mit der Endung **-eu** verwandeln diese in der weiblichen Form in **-eia**.

Das Adjektiv **judeu** (jüdisch) hat die weibliche Form **judia**.

325 Bom dia!   Guten Tag!   mau tempo   schlechtes Wetter
Boa noite!   Gute Nacht!   má notícia   schlechte Nachricht

> Die Adjektive **bom** (gut) und **mau** (schlecht) haben die weiblichen Formen **boa** bzw. **má**.

Kurzformen

São Francisco	Santo António	**326**
São José	Santo André	

> **Santo** (heilig) wird vor männlichen Heiligennamen, die mit Konsonanten beginnen, zu **São** verkürzt.

o grão-mestre	der Großmeister	**327**
o grão-vizir	der Großwesir	
o grão-duque	der Großherzog	
a grã-duquesa	die Großherzogin	
a grã-cruz	das Großkreuz	
a Grã-Bretanha	Großbritannien	

> **Grande** (groß) wird in einigen Fällen zu **grão** (m.) bzw. **grã** (f.) verkürzt.

Die Bildung des Plurals

Die Pluralbildung der Adjektive erfolgt analog der Pluralbildung der Substantive → 294–300.

velho/velhos	alt	**328**
bonita/bonitas	schön	
urgente/urgentes	dringend	
mau/maus	schlecht	
sã/sãs	gesund	

> Die Adjektive, die im Sg. auf einen einfachen Vokal oder auf einen Diphthong (ausgenommen auf **-ão** → 330) enden, bilden den Pl. durch Hinzufügen eines **-s**.

329   bondoso/bondosos   gütig
grosso/grossos   dick
novo/novos   neu/jung

bondoso/bondosos	gütig
grosso/grossos	dick
novo/novos	neu/jung

> Die Adjektive, die in der männlichen Form Sg. ein betontes geschlossenes **o** in der vorletzten Silbe haben, öffnen dieses zumeist im Pl. → 321.

Einige Adjektive behalten jedoch im Pl. das geschlossene **o** bei:

gordo/gordos	dick
roto/rotos	zerrissen

330

são/sãos	gesund
alemão/alemães	deutsch
beirão/beirões	aus Beira

> Die Adjektive auf **-ão** erhalten im Pl. entweder, der allgemeinen Regel folgend, ein **-s**, oder aber ihre Endung verwandelt sich in **-ães** bzw. **-ões**.

331

trabalhador/trabalhadores	arbeitsam
cortês/corteses	höflich
feliz/felizes	glücklich

> Die Adjektive mit den Endungen **-r, -s, -z** fügen in Pl. **-es** an.

Die Adjektive mit der Endung **-s**, die nicht auf der letzten Silbe betont werden, bleiben im Pl. unverändert:

simples/simples	einfach
reles/reles	schäbig

332

bom/bons	gut
comum/comuns	allgemein
jovem/jovens	jung
ruim/ruins	schlecht

> Die Adjektive auf **-m** ersetzen diese Endung im Pl. durch **-ns**.

musical/musicais	musikalisch	**333**
espanhol/espanhóis	spanisch	
azul/azuis	blau	

> Die Adjektive auf **-al, -ol, -ul** haben im Pl. die Endungen **-ais, -óis,** und **-uis.**

fiel/fiéis	treu	**334**
amável/amáveis	liebenswürdig	

> Die Adjektive auf betontes **-el** verwandeln dieses im Pl. in **-éis**, jene auf unbetontes **-el** in **-eis.**

gentil/gentis	liebenswürdig	**335**
juvenil/juvenis	jugendlich	
difícil/difíceis	schwierig	
fácil/fáceis	leicht	
fértil/férteis	fruchtbar	

> Die Adjektive mit der betonten Endung **-il** verwandeln diese im Pl. in **-is**, jene mit der unbetonten Endung **-il** in **-eis.**

Zusammengesetzte Adjektive

os países latino-americanos	die lateinamerikanischen Länder	**336**
crianças recém-nascidas	neugeborene Kinder	

> Bei zusammengesetzten Adjektiven wird meistens nur das zweite Element in die weibliche Form bzw. in den Pl. gesetzt.

Weitere Beispiele:

as relações luso-brasileiras	die portugiesisch-brasilianischen Beziehungen
produtos agro-pecuários	landwirtschaftliche Produkte
clínica neuro-cirúrgica	neurochirurgische Klinik
medidas político-económicas	wirtschaftspolitische Maßnahmen

Beim Adjektiv **surdo-mudo** verändern sich beide Elemente:

um rapaz surdo-mudo   ein taubstummer Junge
crianças surdas-mudas   taubstumme Kinder

337 vestidos verde-esmeralda   smaragdgrüne Kleider
uma saia amarelo-canário   ein kanariengelber Rock
cortinas vermelho-púrpura   purpurrote Vorhänge

Zusammengesetzte Adjektive, die eine Farbe bezeichnen und deren zweites Element ein Substantiv ist, bleiben unverändert.

Unverändert bleiben auch Farbbezeichnungen, die mit der Fügung **cor de** gebildet werden:

blusas cor-de-laranja   orangefarbene Blusen
uma gravata cor-de-vinho   eine weinfarbene Krawatte
lenços cor-de-rosa   rosafarbene Tücher

Die Vergleichsformen des Adjektivs
(Os graus do adjectivo)

338 Das Adjektiv hat im Portugiesischen eine Grundstufe *(positivo)* und zwei Steigerungsstufen: den Komparativ *(comparativo)* und den Superlativ *(superlativo)*.

339 Beim Komparativ unterscheidet man:

Comparativo de superioridade
Comparativo de igualdade
Comparativo de inferioridade

---

340 O ouro é mais caro (do) que a prata.   Gold ist teurer als Silber.

Das **comparativo de superioridade** wird durch Vorsetzen des Adverbs **mais** (mehr) gebildet. Das deutsche „als" wird durch **que** oder **do que** ausgedrückt.

A árvore é tão alta como a casa.	Der Baum ist so hoch wie das Haus.	**341**

> Beim **comparativo de igualdade** steht **tão** (so/ebenso) vor dem Adjektiv, wobei der zweite Teil des Vergleichssatzes mit **como** (wie) eingeleitet wird.

O último Inverno foi menos frio (do) que o anterior.	Der letzte Winter war weniger kalt als der vorhergehende.	**342**

> Beim **comparativo de inferioridade** steht vor dem Adjektiv **menos** (weniger) und im zweiten Teil des Vergleichssatzes **que** oder **do que**.

Esta paisagem é mais bonita do que eu julgava.	Diese Landschaft ist schöner als ich glaubte.	**343**
O exame foi menos difícil do que eu esperava.	Die Prüfung war weniger schwierig als ich erwartete.	

> Steht im zweiten Teil des Vergleichssatzes ein Verb, so wird dieser Satzteil im allgemeinen durch **do que** eingeleitet. Dies gilt sowohl für das **comparativo de superioridade** als auch für das **comparativo de inferioridade**.

Beim Superlativ unterscheidet man: **344**

> Superlativo absoluto — simples
> — composto
>
> Superlativo relativo — de superioridade
> — de inferioridade

Aquele prédio é altíssimo.	Dieses Gebäude ist sehr hoch.	**345**
É uma região com um clima aspérrimo.	Es ist eine Gegend mit einem sehr rauhen Klima.	
Esta tradução é facílima.	Diese Übersetzung ist sehr leicht.	

> Das **superlativo absoluto simples** wird mit Hilfe der Endungen **-íssimo, -érrimo** und **-(íl)imo** gebildet.

Weitere Beispiele:

cru/cruíssimo	roh
natural/naturalíssimo	natürlich
difícil/dificílimo	schwierig

In einigen Fällen sind orthographische Veränderungen zu beachten:

excelente/excelentíssimo	vortrefflich
largo/larguíssimo	breit
seco/sequíssimo	trocken
célebre/celebérrimo	berühmt

In vielen Superlativen erscheint das Adjektiv in seiner lateinischen Form:

amável/amabilíssimo	liebenswürdig
antigo/antiquíssimo	alt
cruel/crudelíssimo	grausam
feliz/felicíssimo	glücklich
fiel/fidelíssimo	treu
inimigo/inimicíssimo	feindlich
simples/simplicíssimo	einfach
veloz/velocíssimo	schnell

Eine Anzahl von Adjektiven hat zwei Superlativformen gleicher Bedeutung:

amargo/amaríssimo/amarguíssimo	bitter
amigo/amicíssimo/amiguíssimo	freundschaftlich zugetan
doce/dulcíssimo/docíssimo	süß
pobre/paupérrimo/pobríssimo	arm

346 Esta comida é muito saborosa.   Dieses Essen ist sehr schmackhaft.

Das **superlativo absoluto composto** wird mit Hilfe des Adverbs **muito** (sehr) gebildet.

Verschiedene andere Adverbien wie **muitíssimo, bastante, assaz, bem, extraordinaria-mente, extremamente, consideravelmente** sowie **todo/toda, todos/todas** (→ 538) vermögen die Aussage des Adjektivs zu verstärken:

Ele é extremamente ambicioso.	Er ist außerordentlich ehrgeizig.
Ela ficou toda contente com a carta.	Sie war sehr froh über den Brief.

um anel caríssimo	ein sehr, sehr teurer Ring	**347**
um anel muito caro	ein sehr teurer Ring	

> Die Formen des **superlativo absoluto simples** bezeichnen im allgemeinen einen höheren Grad einer Eigenschaft als jene des **superlativo absoluto composto.**

uma noite calma, calma	eine sehr ruhige Nacht	**348**
uma rapariga linda, linda	ein sehr hübsches Mädchen	
uns olhos verdes, verdes	ganz grüne Augen	

> Manchmal wird das **superlativo absoluto** durch Wiederholung des Adjektivs ausgedrückt.

ultra-rápido	sehr schnell	**349**
água fresquinha	sehr kühles Wasser	

> Die Idee des **superlativo absoluto** kann auch durch bestimmte Präfixe oder Suffixe sowie durch Augmentativ- bzw. Diminutivformen ausgedrückt werden.

Weitere Beispiele:

preclaro	sehr berühmt
hipersensível	überempfindlich
superabundante	überreichlich
requeimado	verbrannt/angebrannt
o quarto limpinho	das sehr saubere Zimmer
um homem grandalhão	ein sehr großer Mann

Este aluno é o mais estudioso de todos, mas é o menos inteligente.	Dieser Schüler ist der fleißigste von allen, aber der am wenigsten intelligente.	**350**

> Das **superlativo relativo** drückt eine Eigenschaft im höchsten Grad (**superlativo relativo de superioridade**) oder im geringsten Grad (**superlativo relativo de inferioridade**) aus, im Vergleich zu allen anderen Trägern dieser Eigenschaft.
> Die Bildung erfolgt durch Vorsetzen von **o/a mais** bzw. **o/a menos** vor das Adjektiv.

Besondere Vergleichsformen

351

positivo	comparativo	superlativo relativo	superlativo absoluto simples
bom	melhor	o melhor	óptimo, boníssimo
mau	pior	o pior	péssimo, malíssimo
grande	maior	o maior o máximo	grandíssimo máximo
pequeno	menor mais pequeno	o menor o mais pequeno o mínimo	pequeníssimo mínimo

Die Bildung der weiblichen Form → 317, 320, 322, 325.

352 Este tecido é mais bom que bonito.   Dieses Gewebe ist eher gut als schön.
O carro é mais grande que confortável.   Der Wagen ist eher groß als bequem.

> Die regelmäßig gebildeten Komparativformen **mais bom, mais mau** und **mais grande** werden statt **melhor, pior** und **maior** nur beim Vergleich zweier Eigenschaften einer Person oder einer Sache verwendet.

353 Este homem é o mais mau de todos.   Dieser Mann ist der bösartigste von allen.

> **Mau** im Sinne von „böse"/„bösartig" wird meist regelmäßig gesteigert.

354 Uma vila é geralmente mais pequena que uma cidade, mas maior que uma aldeia.   Eine Marktgemeinde ist im allgemeinen kleiner als eine Stadt, aber größer als ein Dorf.

> Während für **grande** nur die Komparativform **maior** üblich ist, werden die Formen **menor** und **mais pequeno** mit gleicher Bedeutung nebeneinander verwendet, wobei letztere in der Umgangssprache Portugals bevorzugt wird.

Neben den oben erwähnten Formen haben sich im Portugiesischen mehrere lateinische **355**
Komparative und Superlative erhalten, die jedoch ihre ursprüngliche Bedeutung weitgehend verloren bzw. gewandelt haben:

anterior	Vorder.../früher/vorhergehend
citerior	diesseitig
exterior	Außen.../außer
inferior	Unter.../Minder.../unterlegen
interior	Inner.../innen
júnior	junior/Junior
posterior	Hinter.../nachfolgend
sénior	senior/Senior
superior	Ober.../Über.../größer/höher
extremo	äußerst
ínfimo	unterst/niedrigst/geringst
íntimo	innerst
sumo	
supremo	höchst

o Supremo Tribunal de Justiça	der Oberste Gerichtshof	**356**
o Sumo Pontífice	Pontifex Maximus/der Papst	
uma importância ínfima	ein minimaler Betrag	

> **Supremo/sumo** und **ínfimo** sind Formen des **superlativo relativo de superioridade**
> von **alto** und **baixo**, wobei **ínfimo** auch **superlativo absoluto simples** sein kann und
> oft in derselben Bedeutung wie **mínimo** verwendet wird.

O valor das exportações foi superior ao das importações.	Der Wert der Exporte war größer als der der Importe.	**357**
O preço do quadro foi inferior ao que se esperava.	Der Preis des Gemäldes war niedriger als man erwartete.	

> Die Komparativformen **superior** und **inferior** werden heute nur mehr im übertrage-
> nen Sinn verwendet; ihnen folgt stets die Präposition **a**.

Adjektive als Adverbien

358

falar alto	laut sprechen
cantar baixo	leise singen
comprar barato	billig kaufen
vender caro	teuer verkaufen

> Die männliche Form einiger Adjektive kann als Adverb verwendet werden und ist als solches unveränderlich.

359

Ela voltou pensativa para casa.	Sie kehrte nachdenklich nach Hause zurück.
As horas decorriam lentas e pesadas.	Die Stunden verliefen langsam und träge.

> Manchmal nehmen Adjektive, die mit dem zugehörigen Substantiv übereingestimmt werden, adverbialen Charakter an.

Die Stellung des Adjektivs

360

Bebi ontem um vinho excelente.	Ich trank gestern einen ausgezeichneten Wein.
Tens agora uma excelente oportunidade de o conhecer.	Du hast jetzt eine ausgezeichnete Gelegenheit, ihn kennenzulernen.

> Grundsätzlich können im Portugiesischen die Adjektive vor oder nach dem zugehörigen Substantiv stehen.

361

um poeta francês	ein französischer Dichter
um sacerdote católico	ein katholischer Priester
um operário metalúrgico	ein Metallarbeiter
as ondas curtas	die Kurzwellen
um vestido azul	ein blaues Kleid
um som agudo	ein hoher Ton
um objecto perdido	ein verlorener Gegenstand
uma casa bastante grande	ein ziemlich großes Haus
um problema difícil de resolver	ein schwer zu lösendes Problem

Nach dem Substantiv stehen im allgemeinen die Adjektive in ihrer konkreten, objektiven Bedeutung. Immer nachgestellt werden jene Adjektive, die Nationalität, Religion, Beruf, Gestalt, Farbe und Klang bezeichnen; dies gilt auch für das **particípio**, wenn es adjektivisch gebraucht wird und für Adjektive, die durch ein Adverb oder durch eine Ergänzung näher bestimmt werden.

Que lindos olhos!	Welch schöne Augen!	**362**
Foi uma grande festa.	Es war ein großes Fest.	

Vor dem Substantiv stehen die Adjektive vor allem im übertragenen Sinn oder als Ausdruck einer subjektiven, gefühlsbetonten Bewertung.

um homem grande	ein großer Mann (Körpergröße)	**363**
um grande homem	ein bedeutender Mann	
um amigo velho	ein betagter Freund	
um velho amigo	ein langjähriger Freund	
uma família pobre	ein mittellose Familie	
uma pobre família	eine bedauernswerte Familie	
horas certas	genaue Zeit	
certas horas	gewisse Zeiten	
um rapaz rico	ein reicher Junge	
um rico rapaz	ein guter Junge	
lugares diversos	verschiedenartige Orte	
diversos lugares	verschiedene Orte	
um livro novo	ein neues Buch	
um novo livro	ein neuerschienenes Buch	
caro amigo	lieber Freund	
uma viagem cara	eine teure Reise	

Einige Adjektive haben verschiedene Bedeutung, je nachdem, ob sie vor oder nach dem Substantiv stehen.

364 um santo homem   ein gütiger Mann

> **Santo** (heilig) kann in manchen Fällen „gut"/„gütig" bedeuten.

In folgenden Verbindungen wurde die Stellung von **santo/santa** durch den Sprachgebrauch fixiert. Das Adjektiv hat, voran- oder nachgestellt, dieselbe Bedeutung:

a Santa Sé	der Heilige Stuhl
o Santo Padre	der Heilige Vater
o Santo Sepulcro	das Heilige Grab
o Santo Ofício	die heilige Messe
a Semana Santa	die Karwoche
a Terra Santa	das Heilige Land
os Lugares Santos	die Heiligen Stätten
o Ano Santo	das Heilige Jahr

Die Wendung **todo o santo dia** bedeutet „den lieben, langen Tag".

365
o melhor médico	der beste Arzt
a maior parte	der größte Teil

> Die einfachen Formen des **superlativo relativo** werden vorzugsweise dem Substantiv, auf das sie sich beziehen, vorangestellt.

Die Übereinstimmung des Adjektivs

Das Adjektiv in attributiver Stellung

366 Este pequeno jardim está cheio de lindas flores.

Dieser kleine Garten ist voll schöner Blumen.

> Bezieht sich das Adjektiv auf ein einziges Substantiv, stimmt es in Geschlecht und Zahl mit diesem überein.

Um homem e dois rapazes muito pálidos esperavam pelo médico.	Ein Mann und zwei Jungen, alle sehr blaß, warteten auf den Arzt. **367**
Esta frase é de pronúncia e compreensão difíceis (difícil).	Dieser Satz ist schwierig auszusprechen und schwer zu verstehen.

Bei mehreren Substantiven gleichen Geschlechts stimmt das Adjektiv im Geschlecht überein und steht im Pl.; es kann jedoch auch im Sg. bleiben, wenn alle Substantive im Sg. stehen.

Encontrei a mãe e os filhos prontos para a viagem.	Ich traf die Mutter und die Söhne bereit **368** für die Reise.
Colhi no jardim um cravo e duas rosas muito bonitos.	Ich pflückte im Garten eine schöne Nelke und zwei schöne Rosen.

Bei mehreren Substantiven verschiedenen Geschlechts und verschiedener Zahl, steht das Adjektiv in der männlichen Form Plural.

É um artista com um talento e uma força de vontade extraordinária (extraordinários).	Er ist ein Künstler von außergewöhnlichem Talent und außergewöhnlicher Willenskraft. **369**
Na cidade havia vários palácios e igrejas arruinadas (arruinados).	In der Stadt gab es mehrere verfallene Paläste und Kirchen.

Wenn alle Substantive entweder im Sg. oder im Pl. stehen, kann das Adjektiv mit dem nächststehenden Substantiv übereingestimmt werden oder aber die männliche Form Pl. annehmen. Letztere ist vor allem dann vorzuziehen, wenn die Bezugnahme auf alle Substantive klar zum Ausdruck kommen soll.

Trouxe cheio o saco e a mala.	Er brachte einen vollen Sack und einen **370** vollen Koffer.
Trouxe cheias as malas e o saco.	Er brachte volle Koffer und einen vollen Sack.

Wird das Adjektiv vorangestellt, stimmt es im allgemeinen mit dem nächstfolgenden Substantiv überein, auch wenn weitere Substantive folgen, auf die es sich bezieht.

Das Adjektiv in prädikativer Stellung

371 Im Gegensatz zum Deutschen wird das Adjektiv auch in prädikativer Stellung mit dem dazugehörigen Substantiv bzw. den dazugehörigen Substantiven übereingestimmt. In den meisten Fällen entsprechen die Regeln jenen der Adjektive in attributiver Stellung.

372 A porta está aberta.

Achei a porta aberta.

Die Tür ist offen.

Ich fand die Tür offen vor.

> Wenn das Subjekt oder das Objekt aus einem einzelnen Substantiv besteht, stimmt das Adjektiv mit diesem in Geschlecht und Zahl überein.

373 As formas e as cores são harmoniosas.

O crítico de arte considerou harmoniosas as formas e as cores.

Die Formen und die Farben sind harmonisch.

Der Kunstkritiker fand die Formen und die Farben harmonisch.

> Bei mehreren gleichgeschlechtlichen Substantiven steht das Adjektiv im Pl. im selben Geschlecht.

Das Adjektiv kann jedoch im Sg. stehen, wenn es den Substantiven vorangeht, und das ihm näherstehende Substantiv im Sg. verwendet wird:

É falsa a nota e a moeda.

É falsa a nota e as moedas.

Foi considerada falsa a nota e a moeda.

Die Banknote und die Münze sind gefälscht.

Die Banknote und die Münzen sind gefälscht.

Die Banknote und die Münze wurden für gefälscht gehalten.

374 O rapaz e as raparigas ficaram satisfeitos com a prenda.

Der Junge und die Mädchen waren über das Geschenk erfreut.

> Bei mehreren Substantiven verschiedenen Geschlechts steht das Adjektiv in der männlichen Form Plural.

Ein den Substantiven vorangehendes Adjektiv kann jedoch auch im Sg. stehen und das Geschlecht des unmittelbar nachfolgenden Substantivs annehmen, wenn dieses im Sg. verwendet wird → 373.

Estava cansada a avó e os netos.	Die Großmutter und die Enkel waren müde.
Ele considerou culpada a mãe e os filhos.	Er hielt die Mutter und die Kinder für schuldig.

Vossa Excelência é muito generoso/gene-rosa.	Eure Exzellenz sind sehr großzügig.	**375**
Vossas Senhorias serão bem-vindos (bem--vindas) a nossa casa.	Sie werden in unserem Haus willkommen sein.	

> Bei der Anrede mit **Vossa Excelência, Vossa Senhoria, Vossa Majestade, Vossa Eminência, Vossa Santidade** etc. richtet sich das Adjektiv nach dem Geschlecht der angesprochenen Person(en).

Das Adjektiv in indefiniten Wendungen

Não há nada de novo hoje?	Gibt es nichts Neues heute?	**376**
Aquela casa tem qualquer coisa de sinistro.	Dieses Haus hat irgend etwas Unheimliches an sich.	

> Bei den Wendungen **algo de, alguma coisa de, muito de, nada de, o que quer que seja de, qualquer coisa de** u. ä. steht das Adjektiv in der männlichen Form Singular.

Augmentative und Diminutive

Wie die Substantive bilden auch die Adjektive Augmentativ- und Diminutivformen. Es werden im allgemeinen dieselben Suffixe verwendet → 314, 315. **377**

Das Pronomen
(O pronome)

378
Die portugiesische Sprache unterscheidet:

Pronomes	pessoais possessivos demonstrativos relativos interrogativos indefinidos	Personal- Possessiv- Demonstrativ- Relativ- Interrogativ- Indefinit- } pronomen

379
Die Personalpronomen und die Relativpronomen haben ausschließlich eine stellvertretende Funktion; alle übrigen Pronomen können sowohl Stellvertreter als auch Begleiter eines Substantivs sein.

Das Personalpronomen

380
Die Personalpronomen unterscheiden sich nach Zahl und Person; in der 3. P. auch nach dem Geschlecht. Es gibt Subjekt- und Objektformen. Bei den Objektformen gibt es solche, die mit dem Verb unmittelbar verbunden werden, und solche, die nach einer Präposition stehen.

	Subjektformen	Objektformen	Objektformen nach einer Präposition
Sg.	**eu**	**me**	**mim**
	tu	**te**	**ti**
	ele, ela	**o, a, lhe, se**	**ele, ela, si**

	Subjektformen	Objektformen	Objektformen nach einer Präposition
	nós	**nos**	**nós**
Pl.	**vós**	**vos**	**vós**
	eles, elas	**os, as, lhes, se**	**eles, elas, si**

381 Eu trabalho enquanto tu dormes.   *Ich* arbeite, während *du* schläfst.

Ela estava em casa, ele estava no jardim.   *Sie* war im Haus, *er* war im Garten.

> Im Portugiesischen ist es im allgemeinen nicht üblich, die Subjektform vor dem Verb anzuführen.
> Zur Vermeidung von Mißverständnissen oder zur Betonung können sie jedoch gesetzt werden.

Bei besonderer Hervorhebung des Subjekts wird das Pronomen dem Verb nachgestellt:

Sou eu que ganho o dinheiro.   *Ich* bin es, der das Geld verdient.

É ele o dono da casa?   Ist *er* der Hausherr?

Quem vem comigo? Vou eu.   Wer geht mir mir? *Ich* gehe mit.

382 A gente vai passear.   Wir gehen spazieren.

A gente levanta-se sempre cedo.   Wir stehen immer früh auf.

> Die Umgangssprache ersetzt **nós** häufig durch **a gente** (die Leute). Das Verb steht dabei in der 3. P. Singular.

Manchmal hört man das Verb in der 1. P. Pl.; diese Form ist jedoch als unrichtig zu vermeiden:

A gente vamos passear.   Wir gehen spazieren.

A gente hoje não temos tempo.   Wir haben heute keine Zeit.

Die Objektformen

Encontrei-o ontem, mas não lhe disse nada.	Ich habe ihn gestern getroffen, aber ich habe ihm nichts gesagt.	**383**
Se as vires, dá-lhes cumprimentos meus.	Falls du sie siehst, laß sie von mir grüßen.	

> In der 3. P. sind **o/a, os/as** die Formen des **complemento directo** und entsprechen dem deutschen Akkusativ. **Lhe/lhes** sind die Formen des **complemento indirecto** und entsprechen dem deutschen Dativ.

Digo-te amanhã.	Ich sage es dir morgen.	**384**
Não sei.	Ich weiß es nicht.	
Não faças isso assim!	Mach es nicht so!	
Fá-lo-ei quando quiseres.	Ich werde es machen, wann du willst.	

> Das neutrale deutsche Objektpronomen „es" bleibt oft unübersetzt oder wird durch **isto/isso** wiedergegeben. Dem „es" kann aber auch, vor allem in der gehobenen Sprache, die männliche Objektform **o** entsprechen.

Die Objektformen nach einer Präposition

Eles são contra nós.	Sie sind gegen uns.	**385**
Ele riu-se de mim.	Er lachte über mich.	
Este livro é para ti.	Dieses Buch ist für dich.	
Ele gosta de dançar com ela.	Er tanzt gern mit ihr.	

> Die nach einer Präposition stehenden Objektformen sind mit Ausnahme der 1. und 2. P. Sg. **(eu/mim, tu/ti)** den Subjektformen gleich → 380.
> Mit Ausnahme von **ele, ela, eles, elas** kontrahieren die Objektformen mit der Präposition **com** → 387.

Ele fala sempre de si (mesmo).	Er spricht immer von sich (selbst).	**386**
Isto é para si.	Das ist für Sie.	

> **Si** wird oft in Verbindung mit **próprio/mesmo** (selbst) als Reflexivpronomen verwendet, sowie in der höflichen Anrede.

Kontrahierte Formen

387 Die Präpositionen **de** und **em** werden im allgemeinen mit den Pronomen der 3. P. kontrahiert:

dele	nele
dela	nela
deles	neles
delas	nelas

Mit der Präposition **com** kontrahieren die Objektformen **mim, ti, si, nós, vós** → 385:

comigo	connosco
contigo	convosco
consigo	

Die Stellung der Objektformen

388 Ontem vi-o na rua.   Gestern sah ich ihn auf der Straße.

O António perguntou-me por ti.   António hat mich nach dir gefragt.

> Im Hauptsatz wird das Personalpronomen, das für ein Objekt steht, grundsätzlich dem Verb nachgestellt und mit diesem mittels Bindestrich verbunden.

389 Ontem não o vi.   Gestern sah ich ihn nicht.

Ele nunca me disse a verdade.   Er hat mir nie die Wahrheit gesagt.

Nada lhe agrada.   Nichts gefällt ihm.

Ninguém a encontrou.   Niemand hat sie gefunden.

> In verneinten Sätzen stehen die Objektformen vor dem Verb.

390 Ainda lhe falaste na semana passada?   Hast du mit ihm vorige Woche noch gesprochen?

Já o fiz.   Ich habe es schon gemacht.

Die Objektformen stehen vor dem Verb, wenn bestimmte Adverbien vorangehen. Die wichtigsten sind:

aqui	da	**já**	schon
aí		**jamais**	jemals
ali	dort	**quase**	fast
além		**só**	nur
		talvez	vielleicht
ainda	noch	**também**	auch

Alguém me deu esta notícia. Jemand hat mir diese Nachricht gegeben. **391**

Ambos se apresentaram ao trabalho. Beide fanden sich zur Arbeit ein.

Muito me contas! Was du mir nicht alles erzählst!

Ninguém te telefonou? Hat dich niemand angerufen?

Tudo o incomoda. Alles stört ihn.

Die Objektformen des Personalpronomens stehen vor dem Verb, wenn ihnen gewisse andere Pronomen vorangehen. Die wichtigsten davon sind:

algo	etwas	**ninguém**	niemand
alguém	jemand	**pouco/pouca,**	
ambos/ambas	beide	**poucos/poucas**	wenig(e)
cada qual	jede(r)	**qualquer**	irgendein(e)
muito/muita,		**todo/toda**	ganz
muitos/muitas	viel(e)	**todos/todas**	alle
nada	nichts	**tudo**	alles
nenhum/nenhuma	kein(e)		

Auch nach **próprio/própria, próprios/próprias** (selbst/eigen) und **mesmo/mesma, mesmos/mesmas** (selbst) steht die Objektform des Personalpronomens vor dem Verb:

O próprio irmão o acusou. Der eigene Bruder klagte ihn an.

Ela mesma me convidou. Sie selbst lud mich ein.

Quem te ofereceu o livro? Wer hat dir das Buch geschenkt? **392**

Onde o viste? Wo hast du ihn gesehen?

Die Objektformen stehen vor dem Verb in Fragen, die durch ein Fragewort eingeleitet werden.

---

393 A revista que me emprestaste é muito interessante.

Die Zeitschrift, die du mir geliehen hast, ist sehr interessant.

Não te posso devolver o lápis, porque o perdi.

Ich kann dir den Bleistift nicht zurückgeben, weil ich ihn verloren habe.

Como me levantei cedo, estou cheio de sono.

Da ich zeitig aufgestanden bin, bin ich jetzt sehr schläfrig.

> In allen Nebensätzen stehen die Objektformen des Personalpronomens vor dem Verb.

394 Ele entrou sem nos cumprimentar.

Er trat ein, ohne uns zu begrüßen.

Em o vendo, dou-lhe a notícia.

Wenn ich ihn sehe, teile ich ihm die Nachricht mit.

Não tenho intenção de o visitar.
(= ... de visitá-lo.)

Ich habe nicht die Absicht, ihn zu besuchen.

Ele começou a contar-me a história.

Er begann, mir die Geschichte zu erzählen.

> Bei der Verbindung von Präposition und **inf.** bzw. **gerúndio** stehen die Objektformen des Personalpronomens im allgemeinen vor diesen Verbformen; bei der Präposition **de** dagegen kann das Pronomen auch nach dem Verb gesetzt werden.
> Nach der Präposition **a** jedoch stehen die Objektformen immer nach dem Verb.

Besonderheiten bei der Nachstellung der Pronomen

395 Quero vê-las todos os dias.

Ich möchte sie jeden Tag sehen.

Compra-los tu?

Kaufst du sie?

Fi-lo ontem.

Ich habe es gestern gemacht.

Trá-las!

Bring sie!

> Endet eine Verbalform auf **-r, -s** oder **-z**, verwendet man statt **o/a, os/as** die Formen **lo/la, los/las**, wobei der Schlußkonsonant des Verbs wegfällt.
> Verbalformen, die auf der letzten Silbe betont werden, erhalten nach dem Wegfall des Schlußkonsonanten einen Akzent auf dem letzten Vokal. Offene Vokale erhalten den Akut, geschlossene den Zirkumflex.

Auch bei **eis** (hier ist/sind) gilt diese Regel:

Onde está o livro?

Wo ist das Buch?

Ei-lo!

Da ist es!

| O professor entra e os alunos cumprimen-tam-no. | Der Lehrer kommt herein, und die Schüler begrüßen ihn. | **396** |

As crianças apanham flores e dão-nas à mãe.
Die Kinder pflücken Blumen und geben sie der Mutter.

Endet eine Verbalform auf einen Nasal, verwendet man statt **o/a, os/as** die Formen **no/na, nos/nas**.

| Di-lo-ei assim mesmo ao Pedro. | Ich werde es genau so Pedro sagen. | **397** |

Ter-se-ão enganado no caminho?
Haben sie sich wohl verirrt?

Im **fut.** und im **cond.** wird die Objektform des Pronomens zwischen Stamm und Endung des Verbs mittels Bindestrichen eingefügt.
In der Umgangssprache wird diese Konstruktion eher selten verwendet.
Orthographische bzw. phonetische Veränderungen → 395.

Kontrahierte Formen

Aqui tens a revista. Ofereço-ta.
Hier hast du die Zeitschrift. Ich schenke sie dir. **398**

Fizeste tantos diapositivos e ainda não no--los mostraste.
Du hast so viele Dias gemacht und hast sie uns noch nicht gezeigt.

Stehen bei einem Verb zwei Objektformen, dann werden sie wie folgt kontrahiert:

me + o = **mo**	me + a = **ma**
te + o = **to**	te + a = **ta**
lhe + o = **lho**	lhe + a = **lha**
nos + o = **no-lo**	nos + a = **no-la**
vos + o = **vo-lo**	vos + a = **vo-la**
lhes + o = **lho**	lhes + a = **lha**
me + os = **mos**	me + as = **mas**
te + os = **tos**	te + as = **tas**
lhe + os = **lhos**	lhe + as = **lhas**
nos + os = **no-los**	nos + as = **no-las**
vos + os = **vo-los**	vos + as = **vo-las**
lhes + os = **lhos**	lhes + as = **lhas**

Wie die Tabelle zeigt, ergeben sich in der 3. P. Sg./Pl. identische Formen.
Die kontrahierten Formen der 1. und der 2. P. Pl. werden analog den Verbalformen mit nachgestellten Pronomen gebildet → 395.

Die Formen der Anrede (As formas de tratamento)

399 Die mannigfachen und nach Höflichkeitsgrad abgestuften Anredeformen im Portugiesischen verlangen Taktgefühl und Vorsicht bei ihrer Anwendung.

Um eine zusammenfassende Darstellung zu geben, werden nachstehend auch die nichtpronominalen Formen der Anrede angeführt.

Die Anrede mit *tu* (du)

400   Foste tu que me telefonaste?   Warst du es, der mich angerufen hat?

       Vocês já sabem o que aconteceu?   Wißt ihr schon, was geschehen ist?

> Das portugiesische **tu** entspricht im wesentlichen dem deutschen „du". Es ist daher im vertrauten Umgang innerhalb der Familie, zwischen guten Freunden und in ähnlichen Fällen üblich.
> Die Pluralform **vós** ist heute weitgehend von **vocês** verdrängt. Sie findet sich nur noch in einigen Regionen Nordportugals und in der Kirchensprache.

Die Anrede mit *você/vocês* (Sie)

401   Você esteve ontem na conferência?   Waren Sie gestern beim Vortrag?

       Vocês não deviam perder este filme.   Ihr solltet/Sie sollten diesen Film nicht versäumen.

> Die Anrede mit **você** ist üblich zwischen annähernd gleichaltrigen und gleichgestellten Personen, wenn zwischen ihnen bereits ein kameradschaftliches Verhältnis gegeben ist. **Você** kann als Vorstufe zum vertraulichen **tu** angesehen werden. Gegenüber höhergestellten und älteren Personen, sowie bei jeder Anrede, die Respekt und Distanz erfordert, ist die Verwendung von **você** ausgeschlossen. Nach **você/vocês** steht das Verb in der 3. P. Sg./Pl.

Weitere Anreden ohne Eigennamen

402   Fez boa viagem?   Hatten Sie eine gute Reise?

       São de Lisboa?   Sind Sie aus Lissabon?

Die bloße Verbalform in der 3. P. Sg./Pl. ohne ausdrückliche Nennung des Subjekts ist gefühlsneutral und wird häufig verwendet.

O menino não foi hoje à escola?	Bist du heute nicht zur Schule gegangen?	**403**
A menina está doente?	Bist du krank?	

Kinder und Jugendliche werden mitunter mit **o menino/a menina** und dem Verb in der 3. P. Sg. angesprochen.

O pai deixa-me sair hoje?	Erlauben Sie mir, heute auszugehen, Vater?	**404**
A tia conhece com certeza o meu noivo.	Sie kennen sicher meinen Bräutigam, Tante.	
Mãe, queres que eu te ajude?	Soll ich dir helfen, Mutter?	

In Portugal ist es noch vielfach gebräuchlich, Verwandte mit dem Verb in der 3. P. anzureden. Jedoch ist es heute in den Städten auch üblich, daß Kinder ihre Eltern mit **tu** ansprechen.

A colega já acabou o trabalho?	Haben Sie die Arbeit schon beendet, Frau Kollegin?	**405**
O meu amigo diz-me as horas, se faz favor?	Sagen Sie mir bitte, wie spät es ist?	

Zwischen Arbeitskollegen und Bekannten ist **o colega/o meu amigo** u. ä. mit dem Verb in der 3. P. Sg. eine häufige Form der Anrede.

A senhora não se quer sentar?	Wollen Sie sich nicht setzen?	**406**
Os senhores ainda não visitaram o museu?	Haben Sie das Museum noch nicht besucht?	

O senhor/a senhora, os senhores/as senhoras mit dem Verb in der 3. P. Sg. oder Pl. ist eine höfliche Anrede, die vor allem Fremden gegenüber Anwendung findet.

Anrede mit Eigennamen

407 A Maria sabe onde está o açúcar?   Wissen Sie, wo der Zucker ist, Maria?

> Die Anrede mit dem Vornamen ist gebräuchlich gegenüber vertrauten bzw. jünge-
> ren Personen von oft untergeordneter Stellung.

408 O senhor António conhece o meu sobri-   Kennen Sie meinen Neffen?
nho?

A senhora Isabel tem um bonito colar!   Sie haben aber eine schöne Halskette!

> **O senhor/a senhora** mit Vorname und Verb in der 3. P. findet Anwendung gegen-
> über älteren Personen in vornehmlich untergeordneter bzw. bescheidener beruflicher
> oder gesellschaftlicher Stellung. Bedingt durch die soziale Entwicklung der letzten
> Jahre werden Frauen, vor allem in Städten, kaum noch auf diese Weise angesprochen.

409 O senhor Gomes comeu muito pouco!   Sie haben sehr wenig gegessen!
A (senhora) D. Emília viu o meu cãozinho?   Haben Sie mein Hündchen gesehen?

> **O senhor** mit Familienname oder **a (senhora) D.** (= dona) mit Vorname und dem
> Verb in der 3. P. Sg. betonen eine gewisse Wertschätzung auf Grund einer gehobe-
> nen beruflichen bzw. gesellschaftlichen Stellung.

Die Anrede mit Titeln und Würden

410 O senhor doutor já leu a carta?   Haben Sie schon den Brief gelesen, Herr
Doktor?

O senhor engenheiro viu-me na reunião,   Sie haben mich in der Versammlung ge-
não é verdade?   sehen, nicht wahr, Herr Ingenieur?

O senhor capitão fica hoje no quartel?   Bleiben Sie heute in der Kaserne, Herr
Hauptmann?

> Eine sehr höfliche Form der Anrede ist **o senhor/a senhora** mit Titel, akademischem
> Grad oder Dienstgrad.

Vossa Excelência assiste à nossa festa? | Nehmen Sie an unserem Fest teil, Exzellenz? |

Vossa Excelência (V. Ex.ª) ist eine sehr respektvolle Anrede gegenüber hochgestellten Persönlichkeiten und ist im offiziellen Schriftverkehr üblich. In Brasilien wird dafür meist **Vossa Senhoria** (V. S.ª) verwendet, das in Portugal nur noch gelegentlich in der Handelskorrespondenz vorkommt.

Das Possessivpronomen

Das Portugiesische unterscheidet nicht zwischen adjektivischen und substantivischen **412** Formen des Possessivpronomens. Die Formen sind:

Besitzer \ Besitz	Sg.		Pl.	
	m.	f.	m.	f.
Sg.	meu teu seu	minha tua sua	meus teus seus	minhas tuas suas
Pl.	nosso vosso seu	nossa vossa sua	nossos vossos seus	nossas vossas suas

A minha amiga está de férias. | Meine Freundin ist auf Urlaub. | **413**

Ontem jantei com os meus colegas. | Gestern aß ich mit meinen Kollegen zu Abend.

(O) meu pai chega amanhã. | Mein Vater kommt morgen an.

Im Portugiesischen steht im allgemeinen der bestimmte Artikel vor dem Possessivpronomen → 254. Bei Verwandtschaftsbezeichnungen kann er in gewählter Ausdrucksweise auch fehlen.

Unterscheide:

Este livro é o meu.
Dieses Buch ist meines.
(Es sind mehrere da.)

Este livro é meu.
Dieses Buch gehört mir.
(Es ist nur eines da.)

Aquela senhora é sua tia?
Ist diese Dame Ihre Tante?
(Der Fragende vermutet den Verwandt-schaftsgrad.)

Aquela senhora é a sua tia?
Ist diese Dame Ihre Tante?
(Der Fragende weiß, daß der Angesprochene eine Tante hat.)

414 Sua desavergonhada!
Sie unverschämte Person!
Seu maroto!
Sie Schlimmer!

> In Wendungen gefühlsbetonter Art (Tadel, Ironie, Scherz u. ä.) steht kein bestimmter Artikel vor dem Possessivpronomen.

415 Os seus cabelos são loiros.
Ihre Haare sind blond.
Como está sua esposa?
Wie geht es Ihrer Gattin?
Este rapaz é um neto meu.
Dieser Junge ist ein Enkel von mir.

> Während das Possessivpronomen allein oder mit vorgesetztem bestimmtem Artikel stets dem Substantiv vorangeht, steht es in Verbindung mit dem unbestimmten Artikel zumeist danach.

416 Ele expôs com clareza a **sua** ideia.
Er hat seine Idee klar dargelegt.
Ela expôs com clareza a **sua** ideia.
Sie hat ihre Idee klar dargelegt.
Eles expuseram com clareza a **sua** ideia.
Sie haben ihre Idee klar dargelegt. (m.)
Elas expuseram com clareza a **sua** ideia.
Sie haben ihre Idee klar dargelegt. (f.)
A mulher perdeu todo o **seu** dinheiro.
Die Frau hat ihr ganzes Geld verloren.
O homem perdeu todo o **seu** dinheiro.
Der Mann hat sein ganzes Geld verloren.

> Im Portugiesischen stehen für die 3. P. des Possessivpronomens die Formen **seu/sua**, **seus/suas**, die – im Gegensatz zum Deutschen – weder das Geschlecht noch die Zahl des Besitzers erkennen lassen.

É este o seu carro?	Ist dieser Ihr Wagen?	**417**
Sabe qual é o carro dele?.	Wissen Sie, welches sein Auto ist?	
Conhece a casa dela?	Kennen Sie ihr Haus?	
Onde estão os livros deles?	Wo sind ihre Bücher?	

> Die Formen **seu/sua, seus/suas** werden auch für die Anrede in der 3. P. verwendet. Es kann jedoch zu Mißverständnissen kommen, wenn das Besitzverhältnis aus dem Zusammenhang nicht eindeutig hervorgeht. Um dies zu vermeiden, verwendet man die kontrahierten Formen **dele/dela, deles/delas**.

Onde passaram as vossas férias?	Wo haben Sie Ihre Ferien verbracht?	**418**
Já chegaram os vossos amigos.	Eure Freunde sind schon angekommen.	
Só tenho aqui os nossos passaportes. Onde é que puseram os vossos?	Ich habe hier nur unsere Pässe. Wohin habt ihr die euren gegeben?	

> Die Formen **vosso/vossa, vossos/vossas** werden oft in der Anrede mit der 3. P. Pl. verwendet.
> Das entsprechende Personalpronomen **vós** wird kaum benützt; trotz fehlender Übereinstimmung mit der Verbalform bleiben in Portugal **vosso/vossa, vossos/vossas** im Gebrauch, weil sich **seu/sua, seus/suas** normalerweise auf nur einen Besitzer beziehen.

Feststehende Wendungen (Formas estereotipadas)

Ele não tem nada de seu.	Er besitzt nichts.	**419**
Ele tem muito de seu.	Er ist sehr reich.	
Ela fez uma das suas.	Sie hat einen ihrer Streiche gespielt.	
Os meus (teus, seus).	Meine (deine, seine/ihre) Angehörigen.	

Das Demonstrativpronomen

420 Es werden unveränderliche und veränderliche Formen unterschieden:

unveränderlich	veränderlich			
	Sg.		Pl.	
	m.	f.	m.	f.
isto	este	esta	estes	estas
isso	esse	essa	esses	essas
aquilo	aquele	aquela	aqueles	aquelas
	o	a	os	as
	o outro	a outra	os outros	as outras
	o mesmo	a mesma	os mesmos	as mesmas
	tal		tais	

421

O que é isto?	Was ist das?
Não era isso que eu queria.	Es war nicht das, was ich wollte.
Para que serve aquilo?	Wozu ist das gut?

> Die unveränderlichen Formen **isto/isso/aquilo** stehen immer allein und entsprechen dem deutschen „das".

422

Este sobretudo não é meu.	Dieser Mantel gehört nicht mir.
Eu era ainda muito novo, mas lembro-me bem desse tempo.	Ich war noch sehr jung, aber ich erinnere mich noch gut an jene Zeit.
Aquela rapariga é bem bonita!	Dieses Mädchen ist sehr hübsch!

> Die veränderlichen Formen **este/esse/aquele**, etc. werden im Deutschen durch „dieser"/„diese"/„dieses" bzw. „jener"/„jene"/„jenes" wiedergegeben.

423

Como se chama isto?	Wie heißt das?
Este problema não tem solução.	Dieses Problem hat keine Lösung.
Esta semana não temos aulas.	Diese Woche haben wir keinen Unterricht.

> **Isto/este/esta/estes/estas** beziehen sich auf:
> a) etwas, das sich in unmittelbarer Nähe des Sprechers befindet;
> b) etwas, das vom Sprecher bereits erwähnt wurde und in der Gegenwart oder Zu-
>   kunft liegt;
> c) etwas, das sich in einem mehr oder weniger großen Zeitraum befindet, der den
>   Augenblick des Sprechens einschließt.

		424
Essa camisa é muito bonita.	Das Hemd (das du anhast) ist sehr schön.	
Não tenho nada com isso.	Ich habe damit nichts zu tun.	
Esses dias não foram/serão agradáveis.	Diese Tage waren nicht angenehm/werden nicht angenehm sein.	

> **Isso/esse/essa/esses/essas** beziehen sich auf:
> a) etwas, das sich in unmittelbarer Nähe des Angesprochenen befindet;
> b) etwas, das vom Angesprochenen bereits erwähnt wurde und in der Gegenwart
>   oder in der Zukunft liegt;
> c) einen Zeitpunkt der Vergangenheit oder der Zukunft, von dem die Rede ist.

		425
Aquele copo está vazio.	Das Glas (dort) ist leer.	
Aquilo não me interessou.	Das interessierte mich nicht.	
Aquela época foi muito agitada.	Jene Epoche war sehr bewegt.	

> **Aquilo/aquele/aquela/aqueles/aquelas** beziehen sich auf:
> a) etwas, das sowohl vom Sprecher als auch vom Angesprochenen räumlich entfernt
>   ist;
> b) etwas, von dem gesprochen wird und das in der Vergangenheit liegt;
> c) einen Zeitpunkt der entfernten Vergangenheit, von dem die Rede ist.

		426
Não compreendi o que ele disse.	Ich habe nicht verstanden, was er gesagt hat.	
Os que têm interesse aparecem sempre.	Diejenigen, die Interesse haben, kommen immer.	
Vi há pouco um carro como o do teu sobrinho.	Vor kurzem sah ich einen Wagen wie der deines Neffen.	

> **O/a, os/as** sind Demonstrativpronomen, wenn sie vor **que** oder **de** stehen.

427 Ainda tens o mesmo chapéu?   Hast du noch denselben Hut?

Eles fizeram o mesmo.   Sie haben dasselbe gemacht.

A outra casa era maior do que esta.   Die andere Wohnung war größer als diese.

Não é este disco que eu quero, é o outro.   Es ist nicht diese Schallplatte, die ich will, es ist die andere.

O mesmo/a mesma, os mesmos/as mesmas sowie **o outro/a outra, os outros/as outras** können sowohl mit einem Substantiv als auch allein stehen.

---

428 Não quero tal.   Ich will das/so etwas nicht.

Nunca poderia imaginar (uma) tal coisa.   Niemals könnte ich mir so etwas vorstellen.

Tal/tais als Demonstrativpronomen werden meist ohne Artikel verwendet und bedeuten „das"/„dies"/„solch"/„so etwas".

---

429 Feststehende Wendungen

isto é   das heißt

por isso   deshalb

(manchmal auch: por isto)

Isso sim! (als Ausruf)   { Kommt gar nicht in Frage! / Fällt mir gar nicht ein!

Ora essa!   { Bitte! (als Antwort auf *obrigado/obrigada*: Danke!) / Aber ich bitte Sie! (als Entgegnung auf eine Behauptung, mit der man nicht einverstanden ist)

Ora uma destas! / Ora esta! / Essa agora!   Aber so etwas!

Mais essa!   Das fehlte gerade noch!

por estas/essas e por outras   deshalb

ir desta para melhor   sterben (ironisch)

Kontrahierte Formen 430

Die Demonstrativpronomen werden mit den Präpositionen **de** und **em** kontrahiert.
Die Formen **aquilo/aquele**, etc. können außerdem noch mit der Präposition **a** verschmolzen werden.

disto	disso	daquilo	nisto	nisso	naquilo	àquilo
deste	desse	daquele	neste	nesse	naquele	àquele
desta	dessa	daquela	nesta	nessa	naquela	àquela
destes	desses	daqueles	nestes	nesses	naqueles	àqueles
destas	dessas	daquelas	nestas	nessas	naquelas	àquelas

O/a, os/as bilden auch als Demonstrativpronomen kontrahierte Formen analog dem bestimmten Artikel → 247.

Einige Beispiele:

Quem mora naquela casa?   Wer wohnt in dem Haus dort?

Não gosto destes brincos.   Mir gefallen diese Ohrringe nicht.

Já foste àquele restaurante que te indiquei?   Bist du schon in das Restaurant gegangen, das ich dir angegeben habe?

Die Stellung des Demonstrativpronomens

Este carro foi muito caro.   Dieser Wagen war sehr teuer.   431

E aqui está uma história engraçada, história   Und da ist eine nette Geschichte: eine Ge-
esta que não posso esquecer.   schichte, die ich nicht vergessen kann.

Que festa aquela!   Welch ein Fest!

> In Verbindung mit einem Substantiv wird das Demonstrativpronomen im allgemeinen diesem vorangestellt. In Ausrufen oder zur Betonung kann es auch nachgestellt werden.

Das Relativpronomen

432 Es werden unveränderliche und veränderliche Formen unterschieden:

Unveränderlich		Veränderlich	
		m.	f.
que	Sg.	qual quanto cujo	qual quanta cuja
quem	Pl.	quais quantos cujos	quais quantas cujas

433 O meu colega que passou as férias no Algarve regressou ontem.

Mein Kollege, der den Urlaub im Algarve verbracht hat, ist gestern zurückgekommen.

As revistas que me emprestaste eram muito interessantes.

Die Zeitschriften, die du mir geliehen hast, waren sehr interessant.

A família a que ele pertence é muito rica.

Die Familie, der er angehört, ist sehr reich.

Aqui estão os livros de que te falei.

Hier sind die Bücher, von denen ich dir erzählt habe.

> **Que** ist das meist verwendete Relativpronomen. Es bezieht sich sowohl auf Personen als auch auf Dinge, ist Subjekt oder Objekt. Es wird auch mit einsilbigen Präpositionen wie **a, com, de** und **em** verbunden, nicht aber mit **sem** und **sob**.

434 Já não sei o que te queria dizer.

Ich weiß nicht mehr, was ich dir sagen wollte.

Ontem choveu muito, o que me levou a não sair de casa.

Gestern regnete es stark, was mich bewog, nicht aus dem Haus zu gehen.

O Jaime não tem telefone, pelo que tive de ir a casa dele.

Jaime hat kein Telefon, deshalb mußte ich zu ihm gehen.

O meu amigo não me quis acompanhar, com o que não fiquei nada satisfeito.

Mein Freund wollte mich nicht begleiten, worüber ich gar nicht erfreut war.

> **O que** entspricht dem deutschen „(das) was" und kann auch mit einer Präposition verbunden werden.

Ele tem um não sei quê.

Er hat ein gewisses Etwas.

435

Elas cantam não sei o quê.

Sie singen – ich weiß nicht was.

Não tem de quê.

Bitte! Keine Ursache!
(als Antwort auf *obrigado*)

> **Que** am Satzende wird betont und erhält den Zirkumflex → **quê**.

Ali vem o homem com quem falei ante-ontem.

Da kommt der Mann, mit dem ich vorgestern sprach.

436

> **Quem** bezieht sich ausschließlich auf Personen und wird meist mit einer Präposition verwendet.

Quem não estiver satisfeito pode queixar-se.

Wer nicht zufrieden ist, kann sich beschweren.

437

Eles podem avisar quem quiserem.

Sie können benachrichtigen, wen sie wollen.

> **Quem** allein, ohne Präposition, am Anfang des Satzes stehend, entspricht dem deutschen „wer"/„wem" oder „wen".

Foste tu quem me disse isto. ⎤
Foste tu que me disseste isto. ⎦

Du warst es, der es mir gesagt hat.

438

> Zur Hervorhebung einer Person kann im Relativsatz sowohl **quem** als auch **que** verwendet werden. Übereinstimmung des Verbs mit dem Subjekt → 224.

439 Vimos ontem um museu, onde há muitos quadros famosos e algumas gravuras de grandes mestres, as quais estavam um pouco escondidas.

Seria conveniente colocá-las num lugar de destaque, que chamasse a atenção do numeroso público que visita este museu, o qual possui realmente autênticas preciosidades.

Gestern besuchten wir ein Museum, in dem es viele berühmte Bilder gibt und einige Stiche großer Meister, die ein wenig versteckt aufgehängt waren.

Es wäre von Vorteil, sie an einen Ort zu bringen, der die Aufmerksamkeit des zahlreichen Publikums auf sich lenken würde, das dieses Museum besucht, welches wirklich echte Kostbarkeiten besitzt.

> **Qual/quais** stehen immer mit dem bestimmten Artikel. Diese Formen beziehen sich sowohl auf Personen als auch auf Dinge und gehören fast ausschließlich der Schriftsprache an. Sie dienen vor allem dazu, Zweideutigkeiten zu verhindern und bei mehreren aufeinanderfolgenden Relativsätzen eine Wiederholung von **que** zu vermeiden.

440 Passaram dez anos, durante os quais nada mudou.

Na reunião havia muitas pessoas, entre as quais alguns estrangeiros.

Foi promulgada uma lei, contra a qual muita gente protestou.

Es vergingen zehn Jahre, in denen sich nichts verändert hat.

In der Versammlung waren viele Leute, unter ihnen einige Ausländer.

Es wurde ein Gesetz erlassen, gegen welches viele Leute protestierten.

> **O/a qual, os/as quais** werden mit mehrsilbigen Präpositionen sowie mit **sem** und **sob** verbunden.

441 O pobre homem, cuja dor era bem visível, não sabia que fazer.

Apresentaram danças cujos ritmos revelaram a proveniência africana.

Der arme Mann, dessen Schmerz man gut sehen konnte, wußte nicht, was er tun sollte.

Sie führten Tänze vor, deren Rhythmen die afrikanische Herkunft verrieten.

> Die Formen **cujo/cuja, cujos/cujas** beziehen sich sowohl auf Personen als auch auf Dinge. Sie entsprechen dem deutschen „dessen"/„deren" und werden nicht mit dem vorangehenden, sondern mit dem nachfolgenden Substantiv übereingestimmt.

442 Ela fez (tudo) quanto podia.

O concerto agradou a (todos) quantos estiveram presentes.

Sie machte (alles), was sie konnte.

Das Konzert hat allen, die anwesend waren, gefallen.

> Die Formen **quanto/quanta, quantos/quantas** werden meist zusammen mit **tudo, todo/toda, todos/todas** gebraucht.

Das Interrogativpronomen

Alle Relativpronomen, ausgenommen **cujo/cuja, cujos/cujas**, werden als Interrogativ- **443**
pronomen verwendet → 432.

Que bebida prefere?	Welches Getränk ziehen Sie vor?	**444**

Que dizes?
O que dizes (tu)?   } Was sagst du?
O que é que tu dizes?

Quero saber o que ele te disse.   Ich will wissen, was er dir gesagt hat.

> **Que** kann sowohl adjektivische als auch pronominale Funktion haben und entspricht dem deutschen „welch"/„was für ein" bzw. „was".
> Im letzteren Falle wird es in der Umgangssprache in der direkten Frage häufig, in der indirekten Frage fast immer, durch **o que** ersetzt.
> Auch wird in der Umgangssprache oft die Frage mittels **é que** erweitert, wobei die Inversion meist unterbleibt → 238.

O quê?	Was?	**445**
Tu queres o quê?	Du willst – *was*?	
Para quê tanto trabalho?	Wozu so viel Arbeit?	
Tanto trabalho para quê?	Soviel Arbeit, wozu?	

> Allein oder am Ende eines Satzes, aber auch in Sätzen ohne Verb, steht statt **que** das betonte **quê** → 435.

Qual dos presentes é português?	Wer/Welcher von den Anwesenden ist Portugiese?	**446**
Quais são os teus livros?	Welche sind deine Bücher?	

> Die Formen **qual/quais** stehen als Interrogativpronomen ohne Artikel und werden verwendet, wenn Personen oder Dinge einer bestimmten Gruppe gemeint sind.

447

Quanto tempo temos de esperar?	Wielange müssen wir warten?
Quantos vieram?	Wieviele sind gekommen?
Quantas bananas compraste?	Wieviele Bananen hast du gekauft?

> **Quanto/quanta, quantos/quantas** können allein oder vor einem Substantiv stehen.

Das Indefinitpronomen

448   Auch die Indefinitpronomen teilen sich in zwei Gruppen: die unveränderlichen und die veränderlichen.

Unveränderlich	Veränderlich
algo	algum/alguma,
alguém	alguns/algumas
cada	ambos/ambas
os/as demais	certo/certa,
mais	certos/certas
os/as mais	muito/muita,
menos	muitos/muitas
nada	nenhum/nenhuma,
ninguém	nenhuns/nenhumas
outrem	outro/outra,
tudo	outros/outras
	pouco/pouca,
	poucos/poucas
	qualquer/quaisquer
	tal/tais
	tanto/tanta,
	tantos/tantas
	todo/toda,
	todos/todas
	um/uma,
	uns/umas

Neben diesen beiden Gruppen gibt es noch Wendungen mit dem Charakter von Indefinitpronomen *(locuções pronominais indefinidas)*:

seja o que for	was auch immer
diga quem disser	wer auch immer sagen mag
seja quem for	wer auch immer
quem quer que seja	

Weitere Beispiele → 171.

Die Pronomen **algum/alguma** (irgendein), **outrem** (jemand anders) und **outro/outra** (ein **449**
anderer) können mit den Präpositionen **de** und **em** kontrahiert werden:

dalgum	doutrem	doutro	nalgum	noutrem	noutro
dalguma		doutra	nalguma		noutra
dalguns		doutros	nalguns		noutros
dalgumas		doutras	nalgumas		noutras

Die kontrahierten Formen des Indefinitpronomens **um/uma, uns/umas** entsprechen jenen
des unbestimmten Artikels → 248.

Bemerkungen zum Gebrauch einiger Indefinitpronomen

Havia algo de estranho no seu olhar.	Es war etwas Seltsames in seinem Blick.	**450**
Tens alguma coisa para me dizer?	Hast du mir etwas zu sagen?	
Tenho a impressão de que há aqui qual-quer coisa que não está bem.	Ich habe das Gefühl, daß hier etwas nicht in Ordnung ist.	

> **Algo** bedeutet „etwas" und wird in der Umgangssprache selten verwendet. **Alguma coisa** oder auch **qualquer coisa** werden bevorzugt.

Ninguém diz a verdade.	Niemand sagt die Wahrheit.	**451**
Não está ninguém lá fora.	Es ist niemand draußen.	
Não conheço ninguém no Ministério das Finanças.	Ich kenne niemanden im Finanzministe-rium.	
Nenhuma das minhas amigas me telefo-nou.	Keine meiner Freundinnen hat mich an-gerufen.	
Na exposição não há nenhum quadro que me agrade.	In der Ausstellung ist kein Bild, das mir gefällt.	
Não consegui resolver nenhum assunto.	Ich konnte keine einzige Frage lösen.	

Nada o incomoda.   Nichts stört ihn.

Eu não sei nada.   Ich weiß nichts.

Wenn **ninguém, nenhum/nenhuma, nenhuns/nenhumas** und **nada** nach dem Verb stehen, muß zusätzlich die Verneinungspartikel **não** vor das Verb gesetzt werden. Die genannten Indefinitpronomen stehen als Subjekt in der Regel vor dem Verb, als Objekt danach.

---

452 Não vejo nenhum barco. ⎫
         Não vejo barco nenhum. ⎬   Ich sehe kein Boot.
                                 ⎭

         Não tenho ideia nenhuma.   Ich habe keine Ahnung.

         De modo nenhum!   Keineswegs!

Nenhum/nenhuma, nenhuns/nenhumas können grundsätzlich sowohl vor als auch nach dem Substantiv stehen, wobei in letzterem Fall die Verneinung stärker betont wird.

In gewissen Wendungen jedoch ist ihre Stellung durch den Sprachgebrauch fixiert.

---

453 Tens alguma sugestão?   Hast du irgendeinen Vorschlag?

         Houve algumas dúvidas?   Gab es irgendwelche Zweifel?

         Não vejo possibilidade alguma de fazer isto.   Ich sehe keine Möglichkeit, das zu machen.

         De modo algum!   Keineswegs!

Algum/alguma, alguns/algumas können, vor einem Substantiv stehend, die Bedeutung „irgendein"/„irgendwelch" annehmen. Sie können aber auch nach dem Substantiv in der Bedeutung von **nenhum/nenhuma** → 452 gesetzt werden und betonen noch etwas stärker als diese die Verneinung.

---

454 Ambos os filhos são parecidos com o pai.   Beide Söhne sehen dem Vater ähnlich.

         Já chegou toda a gente. ⎫
                                 ⎬   Es sind schon alle angekommen.
         Já chegaram todos.   ⎭

Ambos/ambas, todo/toda, todos/todas können allein oder vor einem Substantiv stehen. In letzterem Fall muß der bestimmte Artikel vor das Substantiv gesetzt werden.

Stehen **todo/toda, todos/todas** vor einem Demonstrativpronomen, so wird kein Artikel gesetzt:

Todos aqueles que o ouviram ficaram encantados.	Alle jene, die ihn hörten, waren entzückt.
Aonde vai toda esta gente?	Wohin gehen alle diese Leute?

Das deutsche „jeder" wird oft mit **todos/todas** wiedergegeben:

Ele tem de tomar comprimidos todos os dias.	Er muß jeden Tag Tabletten einnehmen.

Isto é tudo o que eu sei.	Das ist alles, was ich weiß.	**455**
Aqui está todo o meu dinheiro.	Hier ist mein ganzes Geld.	
A notícia correu por toda a cidade.	Die Nachricht ging durch die ganze Stadt.	

Tudo entspricht dem deutschen „alles". **Todo/toda** bedeutet „ganz".

Cada um tem a sua sorte.	Jeder hat sein Schicksal.	**456**
Cada qual faz o que quer.	Jeder macht, was er will.	
Cada estudante tem de fazer um trabalho.	Jeder Student muß eine Arbeit machen.	

Cada kann nie allein stehen. Es folgt ihm stets **um/uma, qual** oder ein Substantiv.

In der Umgangssprache steht **cada** in Ausrufungssätzen der Verwunderung oder des Erstaunens:

Ele diz cada uma!	Was der immer so sagt!
Há cada patife!	Was es nicht für Gauner gibt!
Ela tem cada ideia!	Was die für Einfälle hat!

Há mais chapéus que te ficam bem.	Es gibt mehr Hüte, die dir gut passen.	**457**
Confesso que esperava menos gente.	Ich gestehe, daß ich weniger Leute erwartet habe.	
Tu apanhaste só três peixes? Eu apanhei mais.	Du hast nur drei Fische gefangen? Ich habe mehr (gefangen).	

Mais und **menos** können allein stehen oder mit einem Substantiv verbunden werden. In letzterem Fall müssen sie dem Substantiv vorangehen.

458 Só algumas pessoas conseguiram entrar. Todas as demais ficaram de fora. Ele não faz nada e os mais que trabalhem!

Nur einigen Leuten gelang es, hineinzukommen. Alle übrigen blieben draußen. Er macht nichts, und die anderen sollen arbeiten!

> **Os/as demais** und **os/as mais** bedeuten „die übrigen"/„die anderen". **Os/as mais** wird in der Sprache des Volkes bevorzugt.

459 Cada um pode abdicar dos seus direitos em favor de outrem. Não destruas o que outrem construiu.

Jeder kann auf seine Rechte zugunsten anderer verzichten. Zerstöre nicht, was jemand anders aufgebaut hat.

> **Outrem** bedeutet „andere"/„jemand anders" und wird fast nur noch in der Schriftsprache verwendet.

460 Qualquer pessoa pode entrar. Podes vir a qualquer hora.

Jeder kann eintreten. Du kannst zu jeder Stunde kommen.

> **Qualquer/quaisquer** wird im Sinne von „jeder (beliebige)"/„jedweder" verwendet.

461 Tens qualquer questão a pôr? Penso que deve haver qualquer processo de fazer isto mais depressa. Haverá quaisquer razões para este procedimento?

Hast du irgendeine Frage (zu stellen)? Ich denke, daß es irgendein Verfahren geben muß, dies schneller zu machen. Gibt es irgendwelche Gründe für dieses Vorgehen?

> **Qualquer/quaisquer** kann auch in der Bedeutung „irgendein"/„irgendwelche" gebraucht werden.

462 Não há qualquer possibilidade de ganharmos o jogo. Não há quaisquer segredos entre nós.

Es besteht keinerlei Möglichkeit, daß wir das Spiel gewinnen. Es gibt keinerlei Geheimnisse zwischen uns.

> **Qualquer/quaisquer** steht manchmal in negativen Sätzen in der Bedeutung von „kein"/„keinerlei".

Qual destas maçãs queres?	Welchen dieser Äpfel willst du?	**463**
Uma qualquer.	Irgendeinen.	
Qualquer um faz isto melhor do que tu.	Jeder (x-beliebige) macht das besser als du.	

Qualquer kann mit dem unbestimmten Artikel verwendet werden oder auch vor dem Indefinitpronomen **um/uma** stehen.

Estava lá um tal Ferreira.	Es war ein gewisser Ferreira dort.	**464**

Um/uma tal mit einem Eigennamen hat die Bedeutung „ein gewisser"/„eine gewisse".

Fizeste tanto barulho que me acordaste.	Du hast so viel Lärm gemacht, daß du mich aufgeweckt hast.	**465**
Era tal a sua emoção que nem conseguia falar.	Ihre Erregung war derart, daß sie nicht einmal zu sprechen vermochte.	

Auf **tanto/tanta, tantos/tantas** und **tal/tais** kann ein durch die Konjunktion **que** eingeleiteter Konsekutivsatz folgen.

Ele tem trinta e tal/tantos anos.	Er ist etwas über dreißig Jahre alt.	**466**
Isto custou cinquenta e tal/tantos escudos.	Das kostete etwas über fünfzig Escudos.	
Que horas são?	Wie spät ist es?	
São cinco e tal.	Es ist etwas nach fünf.	

Stehen die Fügungen **e tal** oder auch **e tantos/tantas** nach einer Zahl, so haben sie die Bedeutung „etwas über".
Bei der Uhrzeit ist nur die Verwendung von **e tal** im Sinne von „etwas nach" möglich.

O pai é um mentiroso. E o filho é outro que tal.	Der Vater ist ein Lügner, und der Sohn ist nicht anders.	**467**
Só lá havia mendigos, vagabundos e outros que tais.	Es gab dort nur Bettler, Vagabunden und dergleichen mehr.	

Outro/outra que tal, outros/outras que tais in der Bedeutung „ebenso"/„nicht anders" nehmen oft pejorativen Charakter an.

468 Um amigo meu tem um carro que é tal (e)   Ein Freund von mir hat ein Auto, das ge-
qual o teu.   nauso aussieht wie deines.

> **Tal qual** oder **tal e qual** bedeutet „genau gleich".

Das Numerale
(O numeral)

Die portugiesische Sprache unterscheidet:

Numerais	cardinais	Kardinal-	
	ordinais	Ordinal-	
	multiplicativos	Vervielfältigungs-	zahlen
	fraccionários	Bruch-	
	colectivos	Kollektiv-	

Die Kardinalzahlen

0	zero	11	onze	30	trinta
1	um	12	doze	40	quarenta
2	dois	13	treze	50	cinquenta
3	três	14	catorze	60	sessenta
4	quatro	15	quinze	70	setenta
5	cinco	16	dezasseis	80	oitenta
6	seis	17	dezassete	90	noventa
7	sete	18	dezoito	100	cem
8	oito	19	dezanove	101	cento e um
9	nove	20	vinte		
10	dez	21	vinte e um		
		22	vinte e dois		

200	duzentos	600	seiscentos	um milhão	eine Million
300	trezentos	700	setecentos	um bilião	eine Milliarde
400	quatrocentos	800	oitocentos	um trilião	eine Billion
500	quinhentos	900	novecentos		
		1000	mil		

471
um ovo	ein Ei	dois navios	zwei Schiffe
uma planta	eine Pflanze	duas salas	zwei Säle

duzentos livros	zweihundert Bücher
duzentas páginas	zweihundert Seiten

> Bei den Numeralen 1 und 2, ob sie allein oder als Einerziffer einer Zahl stehen, sowie bei den Hundertern von 200 bis 900 gibt es männliche und weibliche Formen.

Weitere Beispiele:

vinte e uma pessoas	21 Personen
setenta e duas folhas de papel	72 Blatt Papier
quinhentas e trinta e seis estudantes	536 Studentinnen
mil e uma noites (Pl.!)	1001 Nacht

472
trinta e quatro	34
mil e quinhentos	1500
cinco mil trezentos e doze	5312

> Die zusammengesetzten Numerale schieben zwischen den einzelnen Elementen das Bindewort **e** ein; zwischen Tausendern und Hundertern sowie zwischen Millionen und Tausendern fehlt es jedoch, wenn weitere Zahlen folgen.

Weitere Beispiele:

quatrocentos e sessenta e nove	469
mil novecentos e oitenta e quatro	1984
três milhões e duzentos mil	3 200 000
nove milhões, quinhentos e doze mil e quatrocentos	9 512 400

473
um milhão de escudos	eine Million Escudos
quinze milhões de cruzeiros	15 000 000 Cruzeiros
um bilião de anos-luz	eine Milliarde Lichtjahre

> Die Numerale **milhão, bilião**, etc. werden mit dem folgenden Substantiv durch die Präposition **de** verbunden.

cem anos	100 Jahre	**474**
cem mil escudos	100 000 Escudos	
cento e vinte quilómetros	120 Kilometer	
cento e sessenta mil toneladas	160 000 Tonnen	

Cem wird vor einem Substantiv oder unmittelbar vor einer höheren Einheit (**mil/ milhão**) verwendet. **Cento** steht unmittelbar vor einer Zahl unter 100.

cem	(ein)hundert	**475**
cento e vinte e cinco	(ein)hundertfünfundzwanzig	
mil e trezentos escudos	(ein)tausenddreihundert Escudos	
no ano de 1974 (mil novecentos e setenta e quatro)	im Jahre 1974	

Während man im Deutschen neben hundert und tausend auch einhundert bzw. eintausend schreiben kann oder sogar schreiben muß (Scheckverkehr), stehen im Portugiesischen einfach **cem/cento** und **mil**.
Die Tausender- und Hunderterstellen werden im Portugiesischen stets getrennt ausgesprochen.

15 (quinze) de Novembro	15. November	**476**
o dia 25 (vinte e cinco) de Abril	der 25. April	
1 (um) de Maio	1. Mai	
o primeiro de Maio	der 1. Mai	
o dia 1 (um) de Dezembro ⎱	der 1. Dezember	
o primeiro de Dezembro ⎰		

Die Tage des Monats stehen mit der Kardinalzahl; der erste Tag des Monats wird auch mit der Ordinalzahl gebraucht, vor allem dann, wenn es sich um einen Feiertag handelt. Vor die Zahl kann **o dia** gesetzt werden.

Die Ordinalzahlen

477

1. primeiro
2. segundo
3. terceiro
4. quarto
5. quinto
6. sexto
7. sétimo
8. oitavo
9. nono
10. décimo

11. décimo primeiro/undécimo
12. décimo segundo/duodécimo
13. décimo terceiro
14. décimo quarto
15. décimo quinto
16. décimo sexto
17. décimo sétimo
18. décimo oitavo
19. décimo nono
20. vigésimo
21. vigésimo primeiro

30. trigésimo
40. quadragésimo
50. quinquagésimo
60. sexagésimo
70. septuagésimo
80. octogésimo
90. nonagésimo
100. centésimo

101. centésimo primeiro

200. ducentésimo
300. tricentésimo
400. quadringentésimo
500. quingentésimo

600. seiscentésimo
700. septingentésimo
800. octingentésimo
900. nongentésimo

1000. milésimo
10000. décimo milésimo
100000. centésimo milésimo
1000000. milionésimo

478 a segunda vez   das zweite Mal
a vigésima quinta semana   die fünfundzwanzigste Woche
as primeiras flores da Primavera   die ersten Frühlingsblumen

Sämtliche Ordinalzahlen haben eine männliche und eine weibliche Form sowie die zugehörigen Pluralformen. Sie stehen grundsätzlich vor dem Substantiv und werden mit diesem übereingestimmt.

D. João V (quinto)	Johann V. (der fünfte)	**479**
o Papa Paulo VI (sexto)	Papst Paul VI.	
o século IX (nono)	das 9. Jahrhundert	
Luís XVI (dezasseis)	Ludwig XVI.	
João XXIII (vinte e três)	Johannes XXIII.	

Bei Herrschern, Päpsten und Jahrhunderten verwendet man bis 10 die Ordinalzahlen, ab 11 die Kardinalzahlen. Die Zahlen werden nachgestellt und normalerweise in römischen Ziffern ohne Punkt geschrieben. Im Gegensatz zum Deutschen werden die Zahlen ohne Artikel genannt.

1.º andar	1. Stock	**480**
2.ª classe	2. Klasse	
n.º 63	Nr. 63	

Schreibt man die Ordinalzahl in arabischen Ziffern, wird ein Punkt gesetzt und ein kleines, hochgestelltes **o/a** beigefügt; auf die gleiche Weise wird **número** (Nummer) abgekürzt.

O estaleiro terminou a construção do barco n.º 475.	Die Werft hat den Bau des 475. Schiffes vollendet.	**481**
Espera-se hoje o visitante n.º 500 da exposição.	Heute wird der 500. Besucher der Ausstellung erwartet.	
Espera-se no próximo domingo o milésimo visitante da exposição.	Am nächsten Sonntag wird der 1000. Besucher der Ausstellung erwartet.	

Höhere Ordinalzahlen werden in der Umgangssprache kaum verwendet; Wendungen mit den entsprechenden Kardinalzahlen werden bevorzugt. Die Zahlen **centésimo/ centésima, milésimo/milésima** und auch **milionésimo/milionésima** kommen jedoch vor.

Die Vervielfältigungszahlen

482

duplo	doppelt
triplo/tríplice	dreifach
quádruplo	vierfach
quíntuplo	fünffach
sêxtuplo	sechsfach
séptuplo	siebenfach
óctuplo	achtfach
nónuplo	neunfach
décuplo	zehnfach
undécuplo	elffach
duodécuplo	zwölffach
cêntuplo	hundertfach

483

Esta quantidade é dupla daquela.	Diese Menge ist doppelt so groß wie jene.
O Brasil é noventa e cinco vezes maior que Portugal, mas tem só doze vezes mais habitantes.	Brasilien ist fünfundneunzigmal größer als Portugal, hat aber nur zwölfmal soviele Einwohner.
Eu ganho o dobro.	Ich verdiene das Doppelte.

> Die Vervielfältigungszahlen haben männliche und weibliche Formen. Während in der Umgangssprache **duplo/dupla** und **triplo/tripla** durchaus gebräuchlich sind, werden die höheren Zahlen durch Wendungen wie **cinco vezes maior** (fünfmal so groß) oder **oito vezes mais** (achtmal soviel) ersetzt.
> Das Substantiv zu **duplo** ist **o dobro**.

Die Bruchzahlen

484

$\frac{1}{2}$	um meio	$\frac{1}{10}$	um décimo
$\frac{1}{3}$	um terço	$\frac{1}{11}$	um onze avos/um undécimo
$\frac{1}{4}$	um quarto	$\frac{1}{12}$	um doze avos/um duodécimo
$\frac{1}{5}$	um quinto	$\frac{1}{13}$	um treze avos
$\frac{1}{6}$	um sexto		
$\frac{1}{7}$	um sétimo	$\frac{1}{20}$	um vinte avos/um vigésimo
$\frac{1}{8}$	um oitavo	$\frac{1}{100}$	um centésimo
$\frac{1}{9}$	um nono	$\frac{1}{1000}$	um milésimo

²⁄₃ dois terços   ⁵⁄₁₄ cinco catorze avos

⁷⁄₁₀ sete décimos   ¹⁄₂₀ um vigésimo

> Die Brüche haben im Zähler *(numerador)* eine Kardinalzahl. Im Nenner *(denominador)* steht von 4 bis 10 die Ordinalzahl, und zwar immer in der männlichen Form. Die Nenner ab 11 werden durch Kardinalzahlen mit nachstehendem **avos** wiedergegeben. Ist der Nenner ein Vielfaches von 10, so wird im allgemeinen die Ordinalzahl verwendet.

Die Kollektivzahlen

Die wichtigsten sind: 486

par/parelha	Paar
dezena	zehn
dúzia	Dutzend
vintena	zwanzig
quarteirão	fünfundzwanzig
cento/centena	hundert
grosa	Gros
milhar/milheiro	tausend

Einige Beispiele:

um par de sapatos	ein Paar Schuhe
uma parelha de mulas	ein Maultiergespann
uma dezena de garrafas	zehn Flaschen
uma dúzia de ovos	ein Dutzend Eier
um quarteirão de laranjas	fünfundzwanzig Orangen
um cento de queijos	hundert Käse
uma centena de pessoas	ungefähr hundert Personen

Gewisse Kollektivzahlen können auch zur annähernden Bezeichnung ihres Zahlenwertes verwendet werden.

Das Adverb
(O advérbio)

Die portugiesische Terminologie unterscheidet die folgenden zehn Gruppen von Adverbien: **487**

Advérbios de		Adverbien	
	lugar		des Ortes
	tempo		der Zeit
	modo		der Art und Weise
	afirmação		der Bejahung
	negação		der Verneinung
	dúvida		des Zweifels
	exclusão		des Ausschließens
	inclusão		des Einschließens
	designação		des Hinweises
	quantidade		der Menge

		488
hoje	heute	
aqui	hier	
rigorosamente	streng	
naturalmente	natürlich	
à força	mit Gewalt	
de maneira nenhuma	keinesfalls	

Es gibt ursprüngliche und abgeleitete Adverbien *(advérbios simples e derivados)* sowie adverbiale Wendungen *(locuções adverbiais)*.

		489
sincero – sinceramente	aufrichtig	
evidente – evidentemente	selbstverständlich	
real – realmente	wirklich	
simples – simplesmente	einfach	

Die abgeleiteten Adverbien werden durch Anhängen des Suffixes **-mente** an die weibliche Form des Adjektivs gebildet. Der überwiegende Teil dieser Adverbien gehört der Gruppe **advérbios de modo** an.

Die von Ländernamen abgeleiteten Adjektive auf **-ês** bilden die entsprechenden Adverbien durch Anhängen von **-mente** an die männliche Form:
português – portuguesmente   portugiesisch

Orthographische Besonderheiten

490 comum – comummente   allgemein
ruim – ruimmente   schlecht

Endet ein Adjektiv auf **-m**, so kommt es durch das Hinzufügen des Suffixes **-mente** zur Verdoppelung dieses Konsonanten → 686.

491 único – unicamente   einzig
fácil – facilmente   leicht
simultâneo – simultaneamente   gleichzeitig

Die Adverbien, welche von Adjektiven mit einem Akzent abgeleitet sind, tragen keinen Akzent.

Unregelmäßige Formen

492 bom – bem   gut
mau – mal   schlecht

Die den Adjektiven **bom** und **mau** entsprechenden Adverbien haben zwei Formen: die unregelmäßigen **bem** und **mal** sowie die regelmäßigen Formen auf **-mente**, welche nur in den adverbialen Wendungen **de/à boamente** (gern) und **de mamente** (ungern) gebräuchlich sind.

493 Disse-lhe clara e abertamente o que pensava.   Ich sagte ihr klar und deutlich, was ich dachte.

> Folgen mehrere abgeleitete Adverbien unmittelbar aufeinander, so erhält nur das letzte die Endung **-mente**; die übrigen stehen im Sg. der weiblichen Form des Adjektivs. Ausnahmen davon kommen aus stilistischen Gründen vor.

Die Vergleichsformen des Adverbs

		494
claramente	deutlich	
mais/menos claramente	deutlicher/weniger deutlich	
tão claramente	so deutlich	
muito claramente	sehr deutlich	

> Einige Adverbien können analog den Adjektiven gesteigert werden, wobei nicht immer – wie beim Adjektiv – sämtliche Komparativ- und Superlativformen möglich oder sinnvoll sind.

Ele fala bem francês e fala ainda melhor alemão, mas o que fala melhor é português.

Er spricht gut französisch und noch besser deutsch, am besten aber spricht er portugiesisch. **495**

> Die Adverbien **bem, mal, muito** und **pouco** haben die Komparativformen **melhor, pior, mais** und **menos**. Der Superlativ dieser Adverbien wird durch eine syntaktische Konstruktion ausgedrückt.

Esta casa está mais bem construída que a minha.

Dieses Haus ist besser gebaut als meines. **496**

> Wenn **bem** oder **mal** ein nachstehendes **particípio** näher bezeichnen, dann lauten die Komparativformen **mais/menos bem** und **mais/menos mal**.

Muito obrigado!
Muitíssimo obrigado!

Vielen Dank!
Vielen, vielen Dank! **497**

> Das Adverb **muito** hat als **superlativo absoluto simples** die Form **muitíssimo**.

Adverbien des Ortes

498

aqui	hier		ao lado	nebenan
cá	hier/da		de lado	seitlich
aí			ao pé	nebenan/nahe
ali	} dort		por fora	von außen
acolá			por dentro	von innen
além	dort drüben		em baixo	unten
aquém	herüben		de baixo	von unten
adiante	vorne		por baixo	unten durch
onde	wo		para baixo	nach unten
donde	woher		em frente	gegenüber
aonde	wohin		à frente	vorne
defronte	gegenüber		de frente	von vorne
avante	vorwärts		de costas	von hinten
perto	nahe		ao longe	in der Ferne
longe	weit		de longe	von weitem
dentro	drinnen/innen		de perto	aus der Nähe
fora	draußen/außen		em cima	oben
acima	oben		de cima	von oben
abaixo	} unten		para onde	wohin
debaixo				
atrás	} hinten			
detrás				
algures	irgendwo			
nenhures	nirgendwo			

499

Não vejo aqui o meu lápis. Estará aí?

Ich sehe hier meinen Bleistift nicht. Ist er vielleicht dort?

Está cá o teu irmão?

Ist dein Bruder da?

Ele partiu ontem para Portugal e deve lá chegar amanhã.

Er ist gestern nach Portugal abgereist und soll dort morgen ankommen.

Cá/aqui dentro está calor, mas lá fora está frio.

Hier drinnen ist es heiß, aber draußen ist es kalt.

Daqui vê-se toda a povoação. Ali está a minha casa e mais além vê-se a torre da igreja.

Von hier aus sieht man die ganze Ortschaft. Dort ist mein Haus, und weiter drüben sieht man den Kirchturm.

Das Portugiesische verfügt über eine Reihe von Adverbien, die eine genaue Orts-
bestimmung ermöglichen. Es bezeichnen:
cá den umliegenden Raum im weiteren Umkreis;
aqui den Raum in unmittelbarer Nähe;
aí den Raum um die angesprochene Person;
ali, acolá und **além** den vom Sprecher und der angesprochenen Person entfernten
Raum, wobei sich die Entfernung von **ali** über **acolá** nach **além** vergrößert;
lá den entfernten, meist nicht sichtbaren Raum.

500

Se quiseres, vai tu ao teatro. Eu cá não tenho tempo.	Wenn du willst, geh du ins Theater. Ich habe keine Zeit.
Sei lá o que hei-de dizer!	Was weiß ich, was ich sagen soll!
Vê lá se te despachas!	Sieh zu, daß du dich beeilst!

Cá und **lá** dienen in der Umgangssprache auch als Füllwörter, die der Aussage eine
gewisse Färbung verleihen und im Deutschen oft keine Entsprechung haben.

501

Vai lá acima e traz-me o livro.	Geh hinauf und bring mir das Buch.
Eu espero-te aqui em baixo.	Ich erwarte dich hier unten.
Ou não o terei eu deixado lá em cima?	Oder sollte ich es *nicht* oben gelassen haben?
Em cima do livro não está nada, mas debaixo está um papel.	Auf dem Buch liegt nichts, aber darunter liegt ein Zettel.
Temos de andar mais um pouco; a casa fica ainda mais abaixo/acima.	Wir müssen noch ein Stück gehen; das Haus liegt noch weiter unten/oben.
Ele quis passar por cima da barra, mas não conseguiu e passou por baixo.	Er wollte über den Balken steigen, aber es gelang ihm nicht, und er kroch unten durch.
Eu moro no segundo andar. Por cima mora um amigo meu e por baixo há um escritório.	Ich wohne im zweiten Stock. Über mir wohnt ein Freund, und unter mir ist ein Büro.

Em cima/em baixo und **debaixo** werden für eine Ruhelage, oft auch mit Kontakt,
verwendet, **por cima** und **por baixo** deuten eine Bewegung an oder bezeichnen eine
Lage darüber bzw. darunter, jedoch ohne Kontakt.
Acima/abaixo bezeichnen eine höhere/tiefere Lage, können aber auch eine Bewe-
gungsrichtung andeuten.

Abaixo bedeutet auch „nieder mit" in Ausrufen wie:
Abaixo a ditatura!   Nieder mit der Diktatur!

502   Eu vou atrás e tu vais adiante/à frente.   Ich gehe hinten, und du gehst vorne.

Como se chama o corredor que vai à frente?   Wie heißt der Läufer an der Spitze?

Ali está a minha casa e em frente/defronte   Dort ist mein Haus, und gegenüber ist das
o correio.   Postamt.

Adiante und **à frente** bedeuten „vorne" im Sinne von „in vorderer Reihe" oder „an der Spitze". **Em frente** und **defronte** stehen hingegen für „gegenüber".

Adverbien der Zeit

503

hoje	heute	antes	früher/vorher
ontem	gestern	entretanto	inzwischen
amanhã	morgen	depois	nachher
		agora	jetzt
cedo	früh	ora	nun/jetzt
tarde	spät	já	schon/sofort
ainda	noch	logo	später/sofort/
sempre	immer		gleich
nunca	niemals	então	dann/damals
jamais	jemals	diariamente	täglich
enfim	endlich	semanalmente	wöchentlich
primeiro	zuerst	mensalmente	monatlich
doravante	von nun an	anualmente	jährlich
dantes/outrora antigamente }	einst/früher	amiúde	häufig
às vezes	manchmal	quanto antes	so bald wie möglich
de vez em quando de quando em quando }	hie und da	de longe em longe	dann und wann
		a miúdo	häufig
de tempos a tempos	von Zeit zu Zeit	daqui em diante	von nun an
por enquanto por ora/por agora }	vorläufig/fürs erste	daqui a pouco	in kurzem
		fora de horas a desoras }	sehr spät
hoje em dia	heutzutage	ainda agora	eben erst

Sempre compraste o quadro?	Hast du das Bild tatsächlich gekauft?	**504**
Ontem sempre fui ao cinema.	Gestern ging ich doch ins Kino.	

Sempre kann auch im Sinne von „tatsächlich"/„wirklich"/„doch" verwendet werden. In diesen Fällen steht es vor dem Verb.

Eu chamei-o e ele veio logo.	Ich rief ihn, und er kam gleich.	**505**
Eu disse logo que isso era impossível.	Ich habe gleich gesagt, daß das unmöglich wäre.	
Agora vamos almoçar. Logo continuamos o trabalho.	Jetzt gehen wir zu Mittag essen. Später setzen wir die Arbeit fort.	
Ele vem cá logo à tarde.	Er kommt später, am Nachmittag, her.	

Logo kann sowohl den unmittelbar folgenden als auch einen späteren Zeitpunkt desselben Tages bezeichnen.

Até logo! bedeutet in Portugal „Bis später!", in Brasilien jedoch „Auf Wiedersehen!"

Não tenho tempo para viajar. E depois também não tenho dinheiro.	Ich habe keine Zeit zum Reisen. Und außerdem habe ich auch kein Geld.	**506**

Depois kann in gewissen Fällen, vor allem in der Umgangssprache, die Bedeutung „außerdem" annehmen.

Então?	Nun, was ist?	**507**
Então, o que vamos fazer hoje?	Also, was werden wir heute machen?	
Então vamos continuar.	Also machen wir weiter.	

Então dient in der Umgangssprache dazu, die Aufmerksamkeit des Angesprochenen zu erregen oder Sprechpausen zu überbrücken, entsprechend den deutschen Wörtern „nun"/„also"/„so" u. ä.

Já fiz o trabalho.	Ich habe die Arbeit schon gemacht.	**508**
Vou já fazer o trabalho.	Ich werde die Arbeit sofort machen.	

Já hat die Bedeutung „schon" oder „sofort".

Gebräuchliche Wendungen mit **já**:

Desde já lhe agradeço.	Ich danke Ihnen schon jetzt/im voraus.
Para já vamos ler o texto.	Zunächst einmal lesen wir den Text.
Já agora, escrevo ainda este postal.	Nun, (da ich gerade dabei bin,) schreibe ich noch diese Karte.
Até já!	Bis gleich!

Adverbien der Art und Weise

509

aliás	übrigens	depressa	schnell
assim	so	devagar	langsam
até	sogar	deveras	wahrhaftig
bem	gut	facilmente	leicht
debalde	vergeblich	mal	schlecht
		perfeitamente	sehr gut
		simplesmente	einfach
à antiga	auf alte Weise	às apalpadelas	tappend
à força	mit Gewalt	às avessas	verkehrt
à moda	nach der Mode	às cegas	blindlings
à pressa	in Eile	às claras	im Hellen
à toa	aufs Geratewohl	às direitas	richtig
à vontade	nach Belieben	às escondidas	heimlich
		às escuras	im Dunkeln
a bem ou a mal	wohl oder übel	com efeito ⎫ de facto ⎭	tatsächlich
a cada passo ⎫ a par e passo ⎭	auf Schritt und Tritt		
a custo	mühsam	de boa mente ⎫ de bom grado ⎭	gern
a pouco e pouco	nach und nach	de cor	auswendig
a pé	zu Fuß	de graça	umsonst/kostenlos
		de mã mente ⎫ de mau grado ⎭	ungern
de pé ⎫ em pé ⎭	stehend	em geral	im allgemeinen
		em suma	kurz gesagt
de propósito	absichtlich	em vão	umsonst/vergeblich
de repente ⎫ de súbito ⎭	plötzlich	no fim de contas	letzten Endes
		por um triz	um ein Haar
de todo em todo	ganz und gar	pouco a pouco	nach und nach

Como está? Está bem/bom?	Wie geht es Ihnen? Geht es Ihnen gut?	**510**
Como está ela?	Wie geht es ihr?	
Quando nós de lá saímos, ficou bem/boa.	Als wir von dort weggingen, ging es ihr gut.	
A situação no país é grave. As coisas não estão bem/boas.	Die Situation im Land ist ernst. Die Dinge stehen nicht gut.	
Bem/bom, já chega!	Gut, das genügt schon!	

Nach **estar, ficar, continuar** u. ä. sowie am Anfang eines Satzes kann statt **bem** auch **bom** verwendet werden.

A situação no país é grave. As coisas continuam mal/más.	Die Situation im Land ist ernst. Die Dinge stehen weiterhin schlecht.	**511**
Isto está mal/mau.	Es steht schlecht.	
O Pedro está mal.	Pedro geht es schlecht.	

Nach **estar, ficar, continuar** u. ä. kann manchmal statt **mal** auch **mau** verwendet werden. Dies kann etwa bei der Beurteilung einer allgemeinen Lage geschehen; handelt es sich jedoch um die Situation oder den Zustand einer Person, so kann nur **mal** gebraucht werden, da **mau** in diesem Fall „böse" bedeuten würde.

Beachte:

estar (de) mal com alguém	mit jemand zerstritten sein

Vamos tão devagar!	Wir gehen so langsam!	**512**
Não podes andar um pouco mais depressa?	Kannst du nicht ein wenig schneller gehen?	
O carro vai tão devagar!	Der Wagen fährt so langsam!	

Die Umgangssprache zieht **devagar** und **depressa** den abgeleiteten Formen **lentamente** und **rapidamente** vor.

Prefiro ir a pé.	Ich gehe lieber zu Fuß.	**513**
Porque é que estás em pé? Senta-te!	Warum stehst du? Setz dich!	
O professor dá sempre as aulas de pé.	Der Lehrer unterrichtet immer stehend.	

A pé heißt „zu Fuß", während **de pé** und **em pé** in der Bedeutung „stehend" verwendet werden.

514 Ontem entrei de graça no estádio. | Gestern hatte ich im Stadion freien Eintritt.
Não gosto de trabalhar de graça. | Ich arbeite nicht gern umsonst.
Todos os meus esforços foram em vão. | Alle meine Anstrengungen waren umsonst.

> **De graça** heißt „umsonst" im Sinne von „kostenlos"/„gratis", während **em vão** „umsonst" im Sinne von „vergeblich" bedeutet.

Adverbien der Zustimmung

515

sim } pois }	ja	com certeza	gewiß
certamente } decerto }	sicher	sem dúvida	ohne Zweifel
		pois sim	ist recht/ja
realmente	in der Tat	pois é	ja, so ist es
		pois claro	ja, klar
		pois não	ja, gewiß/freilich

516 O livre é interessante? | Ist das Buch interessant?
É.
É, sim.
É, sim, senhor. | Ja.
É, sim, senhor doutor

Partes amanhã? | Reist du morgen ab?
Pois claro. | Ja freilich.
Vens comigo às compras? | Kommst du mit mir einkaufen?
Pois sim. | Ja.
Este restaurante é muito bom, não é? | Dieses Restaurant ist sehr gut, nicht wahr?
Pois é, mas também é muito caro. | Ja, aber es ist auch sehr teuer.

> Die portugiesische Sprache ist besonders reich an Möglichkeiten, auf eine Frage bejahend zu antworten.
> Zu beachten ist vor allem, daß dem deutschen „ja" nur in seltenen Fällen das portugiesische **sim** entspricht.
> Die Adverbien **sim** und **pois** stehen selten allein; sie können wiederholt werden oder in Verbindung mit anderen Wörtern stehen: **pois claro/pois sim/pois é/sim, senhor/ sim, senhora/sim + Titel/sim + Name.**

O teu irmão chega hoje, não é verdade?	Dein Bruder kommt heute an, nicht wahr? **517**
Chega. ⎫ Chega, sim. ⎭	Ja.
Está a chover?	Regnet es?
Está. ⎫ Sim. ⎬ Está, sim. ⎭	Ja.
Tens trabalhado muito?	Hast du in der letzten Zeit viel gearbeitet?
Tenho. ⎫ Pois tenho. ⎭	Ja.

Die allgemein übliche Bejahung einer Frage besteht darin, das Verb bzw. das Hilfs-verb des Fragesatzes zu wiederholen. Dabei kann sich sinngemäß die Person der Verbalform verändern. Die Wiederholung des Verbs ist auch in der Verbindung mit einem Adverb der Bejahung gebräuchlich.

Já acabaste de ler o livro?	Hast du das Buch schon zu Ende gelesen? **518**
Já. ⎫ Já acabei, já. ⎬ Já acabei, sim. ⎪ Sim, já acabei. ⎭	Ja.
Ainda está a chover?	Regnet es noch?
Ainda. ⎫ Ainda está, sim. ⎬ Sim, ainda está. ⎭	Ja.

Bei Fragen, die mit **já, ainda, também** u. a. gestellt werden, erfolgt die Bejahung durch Wiederholung dieser Adverbien.

Queres ir amanhã passear connosco?	Willst du morgen mit uns spazierengehen? **519**
Pois não! Com muito prazer!	Ja, gewiß! Sehr gerne!
O senhor pode dizer-me que horas são, se faz favor?	Können Sie mir sagen, wie spät es ist, bitte?
Pois não! São duas e meia.	Freilich. Es ist halb drei.
Ele queria que eu o acompanhasse.	Er möchte, daß ich ihn begleite.
Pois sim! Não tenho tempo.	Keinesfalls! Ich habe keine Zeit.
Vocês achavam que ele não ia reagir.	Ihr dachtet, daß er nicht reagieren werde.
Pois sim!	Und ob er reagierte!

Die Fügung **pois não** kann in Portugal auch eine Bejahung bedeuten, vor allem dann, wenn ein Vorschlag oder eine Aufforderung mit Interesse oder Begeisterung aufgenommen oder einer Bitte höflich und bereitwillig entsprochen wird; in Brasilien ist die Bejahung mit **pois não** nicht nur auf diese Fälle beschränkt. Andererseits kann die Fügung **pois sim** nicht nur Zustimmung bedeuten, sondern auch eine abweisende oder skeptische Haltung gegenüber dem Wunsch bzw. der Meinung eines Dritten ausdrücken.

Adverbien der Negation

520

não	nein/nicht	de forma nenhuma	⎫
nunca	niemals	de forma alguma	
jamais	jemals	de maneira nenhuma	
nem	nicht	de maneira alguma	keineswegs
não mais	nicht/nie mehr	de modo nenhum	
nunca mais	nie mehr/nie wieder	de modo algum	⎭
já não	nicht mehr	pelo contrário	im Gegenteil
também não ⎫		em tempo nenhum ⎫	
tão-pouco ⎭	auch nicht	em tempo algum ⎭	nie
nem (sequer) ⎫			
nem tão-pouco ⎭	nicht einmal		
pois não	gewiß nicht!		

521

Já te cumprimentei?	Habe ich dich schon begrüßt?
Não.	Nein.
Conhece aquela senhora?	Kennen Sie diese Dame?
Não, senhor.	Nein, mein Herr.
Foi convidado para a festa?	Wurden Sie zum Fest eingeladen?
Não, senhor doutor.	Nein, Herr Doktor.

Das Adverb **não** allein als Antwort wird selten und wenn, so nur im vertrauten Umgang gebraucht. Als höflichere Formen der Negation werden analog der Bejahung mit dem Adverb **sim** die Fügungen **não, senhor/senhora** und **não, senhor doutor** etc. verwendet → 516.

Foste ontem ao cinema?	Bist du gestern ins Kino gegangen?	**522**
Não fui, não. Não, não fui.	Nein.	
Gostaste do espectáculo?	Hat dir dir Vorstellung gefallen?	
Não, não gostei.	Nein.	
O senhor tem fósforos, por favor?	Haben Sie Zündhölzer, bitte?	
Não tenho, não. Não, senhor, não tenho.	Nein, ich habe keine.	

> Auch in der verneinenden Antwort ist es üblich, das Verb zu wiederholen. Dabei gibt es verschiedene Möglichkeiten, die auch den Grad der Höflichkeit zum Ausdruck bringen → 517.

Ainda não estudaste a lição?	Hast du die Lektion noch nicht gelernt?	**523**
Ainda não.	Noch nicht.	
Já não precisas de mais nada?	Brauchst du sonst nichts mehr?	
Já não.	Nein.	

> Stehen im Fragesatz die Adverbien **já, ainda, também** u. a., so werden sie zumeist in der Antwort wiederholt → 518.

Nunca estás em casa quando te telefono.	Du bist nie zu Hause, wenn ich dich anrufe.	**524**
Ele não foi nunca ao dentista.	Er ging niemals zum Zahnarzt.	

> Wenn das Adverb **nunca** (analog den Pronomen **nada, nenhum, ninguém** → 451) nach dem Verb steht, muß zusätzlich die Partikel **não** dem Verb vorangestellt werden.

Nem sempre consigo chegar a horas.	Nicht immer gelingt es mir, zurecht zu kommen.	**525**
Nem tudo o que ele disse era verdade.	Nicht alles, was er sagte, war die Wahrheit.	
Nem (sequer) sei como ele se chama.	Ich weiß nicht einmal, wie er heißt.	

> **Nem** hat in der Bedeutung „nicht einmal", oder in Verbindung mit **sempre, todo/ toda, todos/todas, tudo, ainda, mesmo, sequer, tão-pouco, por isso** adverbialen Charakter.

Adverbien des Zweifels

526

acaso ⎫	
porventura ⎭	vielleicht/etwa
possivelmente	möglicherweise
provavelmente	wahrscheinlich
talvez	vielleicht

> Das deutsche „vielleicht" wird in der Umgangssprache fast ausschließlich durch **talvez** wiedergegeben. Steht **talvez** vor dem Verb, so wird dieses mit dem **conj.** verwendet → 131. Die übrigen Adverbien des Zweifels werden mit dem **ind.** gebraucht.

Adverbien des Ausschließens

527

apenas ⎫	
(não …) senão ⎪	nur
só ⎬	
somente ⎭	ausschließlich
exclusivamente	

528

Tenho apenas três semanas de férias.	Ich habe nur drei Wochen Urlaub.
Só trabalhei uma hora.	Ich habe nur eine Stunde gearbeitet.
Era somente a ambição que o fazia agir.	Es war allein der Ehrgeiz, der ihn zu handeln bewog.

> **Apenas** und **só** werden sehr häufig verwendet, wobei **apenas** das gewähltere Wort ist. **Somente** wird wenig gebraucht und findet sich kaum in der Umgangssprache.

529

Não bebo senão água.	Ich trinke nur Wasser.
Não havia lá senão gente nova.	Es gab dort nur junge Leute.

> **Senão** in der Verbindung mit der Partikel **não** hat die Bedeutung „nur".

Adverbien des Einschließens

até ⎱	sogar	**530**
mesmo ⎰		
inclusivamente	einschließlich/sogar	
inclusive	einschließlich	
também	auch	

Até chorei, de tanto rir.	Ich weinte sogar vor lauter Lachen.	**531**
Penso mesmo que é fácil atingir esse objectivo.	Ich denke sogar, daß es leicht ist, dieses Ziel zu erreichen.	
Houve inclusivamente pessoas que já não conseguiram arranjar bilhetes.	Es gab sogar Leute, denen es nicht mehr gelang, Karten aufzutreiben.	

> **Até** und **mesmo** als Adverbien entsprechen dem deutschen „sogar". Auch **inclusivamente** kann diese Bedeutung annehmen.

Adverb des Hinweises

eis	hier ist/sind	**532**

Eis a melhor maneira de resolver o problema.	Das (hier) ist die beste Methode, das Problem zu lösen.	**533**
Onde está o lápis?	Wo ist der Bleistift?	
Ei-lo aqui. (= Aqui está ele.)	Hier ist er.	

> **Eis** wird in der Umgangssprache selten verwendet. Meistens wird in dieser Bedeutung **aqui está/estão** gebraucht.

Adverbien der Menge

534

algo	etwas	a mais	zuviel/überzählig
apenas	nur	de mais/demais	zu (viel/sehr)
assaz } bastante }	genug	a menos } de menos }	zu wenig
demasiado	zuviel	ao menos	wenigstens
mais	mehr	pelo menos	mindestens
meio	halb	mais ou menos } pouco mais ou menos }	mehr oder weniger
menos	weniger		
muito	sehr/viel	nem mais nem menos	nicht mehr und nicht weniger
nada	nichts		
pouco	wenig	sem mais nem menos	ohne weiteres
quão } que }	wie	a meias	halb/zur Hälfte/ zu gleichen Teilen
quase	fast	ao todo	insgesamt
só } somente }	nur	quando muito	höchstens
tanto	so sehr/so viel		
tão	so		
todo	ganz		

535

Veio ele mais o filho.

Er kam mit seinem Sohn.

Ia eu mais o meu amigo pela rua fora, quando alguém nos chamou.

Ich ging mit meinem Freund die Straße entlang, als uns jemand rief.

Mais kann gelegentlich in der Umgangssprache „und" bzw. „mit" bedeuten.

536

Nesta matéria ele sabe mais do que eu.

Auf diesem Gebiet weiß er mehr als ich.

Este carro anda depressa de mais.

Dieser Wagen fährt zu schnell.

Estes sapatos são grandes de mais para mim.

Estes sapatos são demasiado grandes para mim.

Diese Schuhe sind zu groß für mich.

Estes sapatos são muito grandes para mim.

> Im allgemeinen folgt **mais** einem Verb, und **de mais/demais** einem Adjektiv oder einem Adverb.
> **Demasiado** steht dagegen immer vor dem Adjektiv oder Adverb.
> Auch **muito** wird zuweilen im Sinne von **de mais/demais** oder **demasiado** verwendet.

Demais hat auch die Bedeutung „außerdem"/„im übrigen".

Não saí de manhã, porque estava a chover; e demais não me apetecia.	Ich bin am Vormittag nicht weggegangen, weil es regnete; außerdem hatte ich keine Lust.
À conferência assistiram pelo menos quinhentas pessoas.	Beim Vortrag waren mindestens fünfhundert Personen anwesend.
Estuda ao menos a gramática!	Lerne wenigstens die Grammatik!

537

> **Pelo menos** steht meist in Verbindung mit Zahlen, während in anderem Zusammenhang **ao menos** bevorzugt wird.

Ela ficou toda satisfeita com a notícia.	Sie war sehr froh über die Nachricht.
A velhota já está meia surda.	Die alte Frau ist schon halb taub.

538

> **Todo** und **meio** werden auch als Adverbien verwendet und selbst als solche mit dem dazugehörigen Substantiv übereingestimmt → 346.

Advérbios interrogativos

Zusätzlich zu den bisher genannten Adverbien gibt es noch solche, die eine Frage einleiten *(advérbios interrogativos)*. Die portugiesische Grammatik unterscheidet:

539

Advérbios interrogativos de lugar

onde	wo
aonde	
para onde	} wohin
por onde	auf welchem Weg

Advérbios interrogativos de tempo

quando	wann

Advérbios interrogativos de modo

como   wie

Advérbios interrogativos de causa

porque ⎫
                                              warum
porquê ⎭

Während **porque** einen Fragesatz einleitet, steht **porquê** am Ende eines solchen Satzes oder allein.

Porque não vieste ontem?   Warum bist du gestern nicht gekommen?

Tu não vieste ontem porquê?   Du bist gestern nicht gekommen; warum?

Die Stellung des Adverbs

540 Podes vir amanhã a minha casa?   Kannst du morgen zu mir kommen?

Não, amanhã não posso (ir a tua casa).   Nein, morgen kann ich nicht (zu dir kommen).

Não, não posso ir a tua casa amanhã.   Nein, ich kann morgen nicht zu dir kommen.

Hoje não posso de maneira nenhuma fazer isto. Heute kann ich das auf keinen Fall machen.

De manheira nenhuma posso fazer isto hoje.   Auf keinen Fall kann ich das heute machen.

Não posso fazer isto hoje de maneira nenhuma. Ich kann das heute auf keinen Fall machen.

> Im allgemeinen kann das Adverb im Portugiesischen am Beginn, in der Mitte oder am Ende eines Satzes stehen. Die jeweilige Stellung hängt davon ab, welcher Satzteil stärker hervorgehoben werden soll oder entspricht stilistischen Erwägungen.

541 Isto é caro de mais.   Das ist zu teuer.

Hoje não tenho tempo.   Heute habe ich keine Zeit.

> In gewissen Fällen, wie etwa bei **de mais, não** u. a., liegt die Stellung des Adverbs fest → 241, 536.

		542
Ele anda sempre doente.	Er ist dauernd krank.	
Eu sempre te disse que fizesses isto assim.	Ich habe dir immer gesagt, daß du das so machen sollst.	
O guarda-chuva não está aqui.	Der Regenschirm ist nicht da.	
Aqui tens o guarda-chuva!	Hier hast du den Regenschirm!	

Einige Adverbien wie **sempre, aqui, aí, além** stehen normalerweise nach dem Verb, können aber zur Hervorhebung oder aus stilistischen Gründen auch vor das Verb gestellt werden.

Die Präposition
(A preposição)

Die portugiesische Sprache kennt nachstehende Präpositionen:

a	an/bei/nach/zu	em	in/an/auf
ante	vor	entre	zwischen/unter
após	nach/hinter	para	für/nach
até	bis	perante	vor
com	mit	por	durch/über/von
contra	gegen	sem	ohne
de	von/aus	sob	unter
desde	seit/von ... an	sobre	auf/über
		trás	hinter/nach

Einige Wörter, die ursprünglich eine andere Funktion hatten bzw. heute noch haben, **544** werden ebenfalls als Präpositionen verwendet:

conforme		excepto	
consoante	gemäß/nach	fora/afora	
segundo		menos	außer/ausgenommen
durante	während	salvo	
mediante	mittels/durch	tirante	

Außerdem gibt es noch viele präpositionale Ausdrücke (*locuções prepositivas*): **545**

abaixo de		ao lado de	
por baixo de	unterhalb von	ao pé de	
acerca de	über	a par de	neben
acima de	oberhalb von	junto a/de	
em cima de	auf	ao longo de	längs
a fim de	um zu	em redor de	
além de	außer	à roda de	
antes de	bevor	em torno de	um ... herum
		em volta de	

apesar de	trotz	em lugar de ⎫	
a propósito de ⎫		em vez de ⎭	statt
a respeito de ⎭	im Hinblick auf	fora de	außerhalb von
atrás de	hinter	longe de	fern von
através de	durch ... hindurch	para com	zu/gegen
à volta de	um ... herum/etwa	perto de	nahe von
cerca de	nahe/ungefähr	por causa de	wegen
debaixo de	unter(halb)		inmitten von
defronte de	gegenüber/vor	por entre	mitten durch
dentro de	innerhalb von	quanto a	was ... betrifft
depois de	nachdem		

Der Gebrauch der Präpositionen

a

546   Emprestei o livro a um colega.   Ich lieh das Buch einem Kollegen.

Vendeu o carro a um estrangeiro.   Er verkaufte den Wagen einem Ausländer.

> Die Präposition **a** wird zur Bezeichnung des **complemento indirecto** gebraucht, das dem deutschen Dativ entspricht.

In seltenen Fällen kann die Präposition **a** auch zur Bezeichnung des **complemento directo**, entsprechend dem deutschen Akkusativ, verwendet werden:

amar/temer a Deus   Gott lieben/fürchten

amar ao próximo   den Nächsten lieben

547   Encontrámo-lo a ele no cinema.   Ihn haben wir im Kino getroffen.

Ele disse-me a mim que ia trabalhar.   Mir sagte er, daß er arbeiten gehe.

Eu vi-te a ti e ao teu amigo ontem na rua.   Dich und deinen Freund habe ich gestern auf der Straße gesehen.

> Die Präposition **a** steht bei der betonten Wiederholung des **complemento directo** oder des **complemento indirecto**, wenn diese durch ein Personalpronomen ausgedrückt werden. Folgt einer solchen Konstruktion ein Substantiv als weiteres **complemento**, dann steht auch vor diesem die Präposition **a**.

Fomos ontem ao Estoril.	Gestern fuhren wir nach Estoril.	**548**
Eu posso levar-te amanhã ao aeroporto.	Ich kann dich morgen zum Flugplatz bringen.	
Traz o teu amigo um dia a minha casa.	Bring deinen Freund einmal zu mir.	

> Die Präposition **a** steht bei Ortsbestimmungen nach Verben der Bewegung wie **ir** (gehen/fahren), **vir** (kommen), **voltar** (zurückkehren), **levar** (mitnehmen/bringen), **trazer** (bringen) u. ä.
> Bei der Verwendung von **a** werden ein relativ kurzer Aufenthalt und meist auch die Rückkehr vorausgesetzt. Vgl. **para** → 604.

Havia muita gente à porta do cinema.	Es gab viele Leute am Kinoeingang.	**549**
Gosto muito de passar as férias à beira-mar.	Ich verbringe sehr gern die Ferien am Meer.	
Não estejas tanto tempo ao sol!	Bleib nicht so lange in der Sonne!	

> Die Präposition **a** dient zur Angabe der örtlichen Nähe oder der räumlichen Lage.

Andere Ausdrücke dieser Art: **à janela** (am Fenster), **à chuva** (im Regen).

A mulher trazia uma trouxa à cabeça.	Die Frau trug ein Bündel auf dem Kopf.	**550**
O homem levava um saco aos ombros.	Der Mann trug einen Sack auf den Schultern.	

> Die Präposition **a** steht bei der Angabe von bestimmten Körperteilen, auf denen eine Last oder ein Gegenstand getragen wird.

Andere Ausdrücke dieser Art:
às costas (auf dem Rücken), **ao colo** (auf dem Schoß), **ao pescoço** (um den Hals), **ao peito** (an der Brust), **à cintura** (in der Taille).

às cinco horas	um fünf Uhr	**551**
à tarde	am Nachmittag	
às quartas-feiras	mittwochs/an Mittwochen	
a 19 de Maio	am 19. Mai	

> Die Präposition **a** steht bei Zeitangaben (Uhrzeit, Tageszeit, Wochentage, Datum).
> (Vgl. **em** → 597, **de** → 579, 580, **até** → 566.)

Weitere Beispiele:

ao meio-dia	zu Mittag
à meia-noite	um Mitternacht
à noite	am Abend
ao amanhecer	bei Tagesanbruch
ao anoitecer	bei Einbruch der Dunkelheit
aos domingos	sonntags/an Sonntagen

552

crescer a olhos vistos	zusehends wachsen
falar a sério	ernst sprechen
ir a pé	zu Fuß gehen
ir a passo	im Schritt gehen
passar a ferro	bügeln
pescar à linha	angeln
um assalto à mão armada	ein bewaffneter Überfall
um duelo à pistola	ein Pistolenduell

> Die Präposition **a** wird in bestimmten Wendungen zur Angabe der Art und Weise bzw. des Mittels verwendet.

553

Comprei sardinhas a noventa escudos o quilo.	Ich habe Sardinen zu neunzig Escudos das Kilo gekauft.
A como vende as maçãs?	Wie teuer sind die Äpfel?

> Die Präposition **a** steht bei Preisangaben. Vgl. die Präposition **por** → 617.

554

de uma ponta à outra	von einem Ende zum andern
dos pés à cabeça	vom Kopf bis zu den Füßen

> Die Präposition **a** dient zur Angabe der Begrenzung einer Ausdehnung.

555

Aos seis anos ele já tocava piano.	Mit sechs Jahren spielte er bereits Klavier.

> Die Präposition **a** kann neben **com** bei der Angabe des Alters dem deutschen „mit" entsprechen → 567.

Os nossos amigos andam a viajar.	Unsere Freunde sind verreist.	**556**

> Die Präposition **a** dient zur Bildung der periphrastischen Konjugation → 75.

A falares tão baixinho, ninguém te ouve.	Wenn du so leise sprichst, hört dich niemand.	**557**
Ao ouvirem a notícia, ficaram estupefactos.	Als sie die Nachricht hörten, waren sie verblüfft.	

> Die Präposition **a** steht in Konditional- und Temporalsätzen vor dem **infinitivo pessoal**
> → 181.

Ele voltou a casa, a ver se encontrava o livro.	Er ging nach Hause zurück, um zu sehen, ob er das Buch fände.	**558**

> Die Präposition **a** vor einem Infinitiv drückt eine Absicht bzw. einen Zweck aus und
> entspricht dem deutschen „um zu".

A criança, sempre a chorar, não respondeu a nenhuma pergunta.	Das stets weinende Kind antwortete auf keine Frage.	**559**
Ficámos no cais a olhar o navio.	Wir blieben auf dem Kai und blickten auf das Schiff.	

> Die Präposition **a** steht häufig vor einem Infinitiv. Diese Konstruktion entspricht dem
> **gerúndio** → 200, 202.

Ele é o próximo a ser chamado.	Er wird als nächster aufgerufen.	**560**

> Die Konstruktion **a + inf.** ersetzt vielfach einen Relativsatz und drückt dann eine
> bevorstehende oder beabsichtigte Handlung aus.

Weitere Beispiele:

o livro a publicar	das Buch, das erscheinen soll
o trabalho a terminar	die Arbeit, die es zu beenden gilt

561 Verben mit der Präposition **a**:

adaptar-se a	sich anpassen an	levar a	bringen zu
apressar-se a	sich beeilen zu	limitar-se a	sich beschränken auf
assistir a	beiwohnen (Dat.)	obrigar a	zwingen zu
atrever-se a	wagen zu	presidir a	den Vorsitz führen bei
cheirar a	riechen nach	recorrer a	zurückgreifen auf
comprometer-se a	sich verpflichten zu	recusar-se a	sich weigern zu
condenar a	verurteilen zu	referir-se a	sich beziehen auf
convidar a	einladen zu	renunciar a	verzichten auf
decidir-se a	sich entschließen zu	resolver-se a	sich entschließen zu
ensinar a	lehren zu	saber a	schmecken nach
exortar a	auffordern zu	soar a	klingen nach
habituar-se a	sich gewöhnen an	sobreviver a	überleben (Akk.)
incitar a	anreizen zu		

562 Adjektive mit der Präposition **a**:

acessível a	zugänglich (Dat.)	indiferente a	gleichgültig (Dat.)
agradável a	angenehm (Dat.)	inerente a	innewohnend (Dat.)
alheio a	fremd (Dat.)	leal a	treu (Dat.)
análogo a	analog (Dat.)	necessário a	notwendig für
apto a	fähig zu	nocivo a	schädlich für
comum a	gemein (Dat.)	oposto a	entgegengesetzt (Dat.)
contrário a	entgegengesetzt (Dat.)	paralelo a	parallel zu
favorável a	günstig für	prejudicial a	schädlich für
fiel a	treu (Dat.)	propício a	günstig für
grato a	dankbar (Dat.)	semelhante a	ähnlich (Dat.)
habituado a	gewöhnt an	sensível a	empfänglich für
idêntico a	identisch mit	útil a	nützlich für

563 Substantive mit der Präposition **a**:

amor a	Liebe für	ódio a	Haß gegen
amizade a	Zuneigung für	respeito a	Achtung vor
um cheiro a	ein Geruch nach	um sabor a	ein Geschmack nach
horror a	Abscheu vor	um som a	Klang nach

Die Präposition **a** in adverbialen Wendungen:

a desoras	zur Unzeit
à frente	vorne
a horas ⎫	
a tempo ⎭	rechtzeitig
ao lado	nebenan/nebenher
ao longe	in der/die Ferne
a miúdo	häufig
ao pé	daneben/nahe
ao correr da pena	aufs Geratewohl
a perder de vista	soweit das Auge reicht
a pouco e pouco ⎫	
pouco a pouco ⎭	nach und nach

até

Siga até ao fim da rua e depois vire à esquerda.	Fahren Sie weiter bis ans Ende der Straße, und dann biegen Sie nach links ab.	**565**
Andámos a passear até à noite.	Wir gingen bis zum Abend spazieren.	

Die Präposition **até** wird oft in Verbindung mit der Präposition **a** verwendet.

Ela já sabe contar até vinte.	Sie kann schon bis zwanzig zählen.	**566**
Ficámos lá até 16 de Maio.	Wir blieben bis 16. Mai dort.	
Fomos ontem até lá.	Gestern gingen wir bis dorthin.	
Chegámos até aqui.	Wir kamen bis hierher.	
Hoje vamos até Lisboa e amanhã até ao Porto.	Heute fahren wir bis Lissabon und morgen bis Porto.	

Até steht ohne die Präposition **a** vor Zahlen, Adverbien oder vor Namen, die ohne Artikel verwendet werden.

---

com

567 Neste caso não estou de acordo com ele.

In dieser Sache stimme ich mit ihm nicht überein.

Preguei o prego com um martelo.

Ich habe den Nagel mit einem Hammer eingeschlagen.

Comecei a falar com ano e meio.

Ich begann mit eineinhalb Jahren zu sprechen.

In den meisten Fällen entspricht **com** der deutschen Präposition „mit".

---

568 Estou com frio.

Mir ist kalt.

Um dos meus colegas está com gripe.

Einer meiner Kollegen hat Grippe.

Tenho andado com dores de cabeça.

In der letzten Zeit leide ich an Kopfschmerzen.

Fallweise bedeuten die Fügungen **estar/andar com** + Substantiv „haben".

Weitere Ausdrücke dieser Art:

estar com febre	Fieber haben
estar com fome	Hunger haben
estar com medo	Angst haben
estar com pressa	Eile haben
estar com uma bebedeira	einen Rausch haben
andar com dores nas pernas	Schmerzen in den Beinen haben
andar com ideias estranhas	seltsame Einfälle haben
andar com muitos problemas	viele Probleme haben

569 Com este calor não posso sair de casa.

Bei dieser Hitze kann ich nicht aus dem Haus gehen.

Ficou parado com medo de cair.

Er blieb stehen aus Angst umzufallen.

Com a pressa esqueceu-se dos óculos.

In der Eile vergaß er die Brille.

Com steht manchmal zur Angabe des Grundes.

Verben mit der Präposition **com**:

aborrecer-se com	sich ärgern über	folgar com	sich freuen über
acautelar-se com	sich in acht nehmen vor	indignar-se com	sich empören über
admirar-se com	sich wundern über	inquietar-se com	sich beunruhigen
alegrar-se com	sich freuen über		über
casar com	heiraten (Akk.)	parecer-se com	ähneln (Dat.)
dar com	stoßen auf	preocupar-se com	sich Sorgen machen
deleitar-se com	sich ergötzen an		um/wegen
deparar com	stoßen auf	regozijar-se com	sich freuen über
embriagar-se com	sich berauschen an	sofrer com	leiden unter
enganar-se com	sich täuschen in	sonhar com	träumen von

Adjektive mit der Präposition **com**:

amável com/ para com	liebenswürdig zu	descontente com	unzufrieden mit
		furioso com	wütend gegen
caritativo com/ para com	mildtätig zu	ingrato com/ para com	undankbar gegen
compatível com	vereinbar mit	intolerante com/ para com	intolerant gegen
conforme com	übereinstimmend mit		
contente com	zufrieden mit	satisfeito com	zufrieden mit
cruel com/ para com	grausam gegen	severo com/ para com	streng zu
cuidadoso com	vorsichtig mit	triste com	traurig über

de

o valor do dinheiro	der Wert des Geldes
a cor da saia	die Farbe des Rockes
o chapéu daquele homem	der Hut jenes Mannes

> Die Präposition **de** bezeichnet das **complemento determinativo**, das weitgehend dem deutschen Genitiv entspricht.

De quem é esta casa?	Wem gehört dieses Haus?
É do meu tio.	Es gehört meinem Onkel.
Esta poesia é de Camões.	Dieses Gedicht ist von Camões.

> In Verbindung mit dem Verb **ser** dient die Präposition **de** zur Angabe des Besitzes oder der Urheberschaft.

574 Este café é do Brasil.

Dieser Kaffee ist aus Brasilien.

O cantor vem hoje de Nova Iorque.

Der Sänger kommt heute aus New York.

Telefono-te do Porto.

Ich rufe dich aus Porto an.

Da minha janela vejo o Tejo.

Von meinem Fenster aus sehe ich den Tejo.

> Die Präposition **de** dient zur Angabe der Herkunft bzw. des Ausgangspunkts.

575 uma casa de madeira

ein Haus aus Holz

um relógio de ouro

eine Uhr aus Gold

uma construção de aço

eine Konstruktion aus Stahl

> Die Präposition **de** dient zur Angabe des Materials.

576 ferro de engomar

Bügeleisen

sala de espera

Wartesaal

máquina de costura

Nähmaschine

caderno de apontamentos

Notizheft

> Die Präposition **de** dient zur Bezeichnung des Zweckes oder der Bestimmung. Die portugiesische Wortfügung mit **de** entspricht oft einem deutschen zusammengesetzten Hauptwort.

577 Ele é um homem de princípios.

Er ist ein Mann von Prinzipien.

Foi um espectáculo de alto nível.

Es war eine Vorstellung von hohem Niveau.

Vai ali a rapariga do chapéu de palha.

Dort geht das Mädchen mit dem Strohhut.

> Die Präposition **de** dient in gewissen Fällen zur Bezeichnung einer markanten Eigenschaft oder eines charakteristischen Merkmals.

578 um bocado de pão

ein Stück Brot

um quilo de feijão

ein Kilo Bohnen

uma dúzia de bananas

ein Dutzend Bananen

um pouco de amizade

ein wenig Liebe

um copo de água

ein Glas Wasser

uma caixa de bolachas

eine Schachtel Keks

> Die Präposition **de** dient zur Angabe einer Menge bzw. eines Inhalts.

de manhã	morgens/am Morgen	**579**
de tarde	nachmittags/am Nachmittag	
de dia	tagsüber/am Tage	
de noite	nachts/in der Nacht	
de/no Verão	im Sommer	
de/no Inverno	im Winter	

> Die Präposition **de** dient zur Angabe der Tageszeit und in den oben angeführten Fällen zur Angabe der Jahreszeit.

De tarde und **de noite** werden vorwiegend dann gebraucht, wenn der Gegensatz zu **de manhã** bzw. zu **de dia** ausgedrückt werden soll.

À tarde und **à noite** beziehen sich meist auf einen bestimmten Zeitpunkt oder ein konkretes Datum.

Há pessoas que preferem trabalhar de noite.	Es gibt Leute, die lieber nachts arbeiten.
Hoje à noite há uma reunião.	Heute abend ist eine Versammlung.

Zum Unterschied von **Verão** bzw. **Inverno** können die beiden übrigen Jahreszeiten **Primavera** und **Outono** nur mit der Präposition **em** verbunden werden. Dies gilt auch für **Estio** (= **Verão**).

Roma, 29 de Setembro de 1983.	Rom, 29. September 1983	**580**

> Die Präposition **de** steht im Datum zur Verbindung von Tag, Monat und Jahr.

Ele vai de comboio a Paris.	Er fährt mit der Bahn nach Paris.	**581**
Não gosto de andar de avião.	Ich fliege nicht gern.	
Prefiro viajar de carro ou de barco.	Ich reise lieber mit dem Auto oder mit dem Schiff.	

> Die Präposition **de** steht bei den Verben **andar, ir** und **viajar** zur Angabe des Verkehrsmittels.

582   O pobre do homem está doente.   Der arme Mann ist krank.

O bom do meu amigo não me devolveu o   Mein guter Freund hat mir das Geld nicht
dinheiro.   zurückgegeben.

Ai do rapaz!   Armer Junge/Weh dem Jungen!

Coitado dele!   Der Arme!

Die Präposition **de** steht in gewissen Ausdrücken der familiären Umgangssprache.

---

583   a pressa de sair   die Eile wegzugehen

o desejo de saber a verdade   der Wunsch, die Wahrheit zu erfahren

a oportunidade de fazer uma viagem   die Gelegenheit, eine Reise zu machen

o dever de ajudar   die Pflicht zu helfen

Die Präposition **de** verbindet viele Substantive mit einem Infinitiv.

---

584   Este sistema tem algo de complicado.   Dieses System hat etwas Kompliziertes an
sich.

Há muito de conseguido nesta obra.   Es gibt viel Gelungenes in diesem Werk.

O filme não tem nada de interessante.   Der Film hat nichts Interessantes.

Nach einigen Pronomen steht die Präposition **de** in Verbindung mit einem Adjektiv
→ 376.

In Anrufen mit Befehlscharakter steht **de** zwischen **nada** und einem Substantiv.

Nada de barulho!   Keinen Lärm machen!

Nada de gritos!   Kein Geschrei!

585   A carne é mais cara (do) que o peixe.   Das Fleisch ist teurer als der Fisch.

Ele come menos (do) que eu.   Er ißt weniger als ich.

Die Präposition **de** steht in Vergleichssätzen in der kontrahierten Form **do**. Dieser
Gebrauch ist jedoch fakultativ.

---

586   Ele tem menos de quarenta anos.   Er ist weniger als vierzig Jahre alt.

Havia lá mais de cem pessoas.   Es waren mehr als hundert Personen dort.

Die Präposition **de** steht vor Numeralen nach **mais** bzw. **menos**.

Ia acompanhado de/por duas pessoas. Er war von zwei Personen begleitet. **587**

> Die Präposition **de** kann nach einigen wenigen Verben in passivischen Sätzen statt der Präposition **por** stehen → 613.

Havemos de ir um dia à Espanha. Eines Tages werden wir nach Spanien **588**
fahren.

Amanhã tenho de sair cedo. Morgen muß ich zeitig weggehen.

> Die Präposition **de** steht in der periphrastischen Konjugation nach **ter** → 71 und **haver** → 73.

Ele fez/fez-se de pessoa importante. Er täuschte eine wichtige Person vor. **589**

Quem faz de Telmo no „Frei Luís de Sousa"? Wer spielt den Telmo im „Frei Luís de Sousa"?

> **Fazer + de** bedeutet „vortäuschen" oder „(eine Rolle) spielen".

Die Präposition **de** wird zur Bildung vieler präpositionaler Ausdrücke verwendet: **a fim de, 590 em cima de, defronte de** etc. → 545.

Verben mit der Präposition **de**: **591**

abastecer de	versorgen mit	gozar de	genießen (Akk.)
admirar-se de	sich wundern über	lamentar-se de	klagen über
carregar de	beladen mit	lembrar-se de	sich erinnern an
cobrir de	bedecken mit	morrer de	sterben an
constar de	bestehen aus	necessitar de	brauchen (Akk.)
cuidar de	sorgen für	ocupar-se de	sich beschäftigen mit
deixar de	aufhören zu	orgulhar-se de	stolz sein auf
desistir de	verzichten auf	precisar de	brauchen (Akk.)
dispor de	verfügen über	recordar-se de	sich erinnern an
duvidar de	zweifeln an	rir-se de	lachen über
embriagar-se de	sich berauschen an	sofrer de	leiden an
enamorar-se de	sich verlieben in	tremer de	zittern vor
esquecer-se de	vergessen (Akk.)	troçar de ⎫	spotten über
gostar de	gern haben (Akk.)	zombar de ⎭	

592 Adjektive mit der Präposition **de**:

amigo de	befreundet mit	digno de	würdig zu
ávido de	gierig nach	fácil de	leicht zu
capaz de	fähig zu	pobre de	arm an
cheio de	voll von	possível de	möglich zu
desejoso de	begierig nach	rico de	reich an
difícil de	schwierig zu		

593 Die Präposition **de** in adverbialen Wendungen:

de ano para ano	
de ano a ano	von Jahr zu Jahr
de boa saúde	bei guter Gesundheit
de braço dado	Arm in Arm
de brincadeira	aus Spaß
de dois em dois dias	jeden zweiten Tag
de luto	in Trauer
de mãos dadas	Hand in Hand
de mau humor	schlecht gelaunt
de mau modo	auf unfreundliche Art
de momento	im Augenblick
de repente	plötzlich
de sobra	im Überfluß
de vento em popa	mit dem Wind im Rücken
estar a cair de sono	vor Schlaf umfallen
morrer de fome	vor Hunger sterben
saltar de alegria	vor Freude springen
tremer de frio/de medo	vor Kälte/Angst zittern

594 Die Präposition **de** in Konjunktionen → 650, 654, 656:

de maneira que	so daß
a fim de que	damit
u. a.	

desde

A exposição está aberta desde o dia 15 deste mês.	Die Ausstellung ist seit (dem) 15. dieses Monats geöffnet.	**595**
Não o vejo desde o ano passado.	Ich habe ihn seit vorigem Jahr nicht gesehen.	
Não o vejo (desde) há dois anos.	Ich habe ihn seit zwei Jahren nicht gesehen.	

> Die Präposition **desde** steht immer in Verbindung mit dem Beginn der Zeitspanne, auf die sie sich bezieht. Wird jedoch der Beginn des betreffenden Zeitraumes nicht angegeben, sondern der Zeitraum selbst, so entsprechen dem deutschen „seit" entweder **há** oder **desde há**.

em

Ela está na escola.	Sie ist in der Schule.	**596**
Ele está em casa.	Er ist zu Hause.	
O meu primo mora em São Paulo.	Mein Cousin wohnt in São Paulo.	
Tenho uma casa na cidade e outra no campo.	Ich habe ein Haus in der Stadt und ein anderes auf dem Land.	

> Die Präposition **em** wird in Ortsbestimmungen verwendet und entspricht meist dem deutschen „in".

na quinta-feira ⎫ quinta-feira ⎬	(am) Donnerstag	**597**
no dia 13 de Outubro ⎫ em 13 de Outubro ⎬	am 13. Oktober	
na semana passada a semana passada	(in der) vergangene(n) Woche (die) vergangene Woche	
no mês de Dezembro ⎫ em Dezembro ⎬	im (Monat) Dezember	
no ano de 1980 ⎫ em 1980 ⎬	(im Jahre) 1980	
na Primavera	im Frühling	
no século XX	im 20. Jahrhundert	

> Die Präposition **em** wird bei Zeitbestimmungen zur Angabe von Tag, Woche, Monat, Jahr, Jahreszeit etc. verwendet. Vgl. Angabe von Jahreszeiten mittels **de** → 579.

598 Em dormindo pouco, fico com dores de cabeça.

Wenn ich wenig schlafe, bekomme ich Kopfschmerzen.

> Die Präposition **em** steht in Verbindung mit dem **gerúndio** → 207.

599 Verben mit der Präposition **em**:

abundar em	reich sein an	fiar-se em	vertrauen auf
acreditar em	glauben an	importar em	sich belaufen auf
avaliar em	schätzen auf	insistir em	bestehen auf
bater em	schlagen (Akk.)	participar em	teilnehmen an
confiar em	vertrauen auf	pensar em	denken an
consistir em	bestehen aus	pegar em	nehmen (Akk.)
crer em	glauben an	reparar em	bemerken (Akk.)
entrar em	eintreten in		

600 Adjektive mit der Präposition **em**:

fecundo em fértil em	} fruchtbar an
hábil em	geschickt in
incansável em	unermüdlich in
perito em	sachkundig in
rico em	reich an
único em	einzig in

601 Die Präposition **em** in bestimmten Wendungen:

acertar em cheio	ins Volle treffen
pôr em causa	in Frage stellen
estar em jogo	auf dem Spiel stehen
fazer em pedaços	in Stücke schlagen/reißen
trazer a lição em branco	die Lektion nicht gelernt haben
passar a noite em claro	eine schlaflose Nacht verbringen
pôr pé em terra	an Land gehen
transitar em julgado	rechtskräftig werden

entre

Vou pendurar o quadro entre a porta e a janela.	Ich werde das Bild zwischen der Tür und dem Fenster aufhängen. **602**
Reconheci-o imediatamente entre os convidados.	Ich erkannte ihn sofort unter den Gästen.

> Die Präposition **entre** kann sich sowohl auf zwei Personen oder Dinge, als auch auf mehrere beziehen. Im ersten Fall entspricht sie dem deutschen „zwischen", im zweiten Fall dem deutschen „unter".

para

Ele dirigiu-se para a estação.	Er begab sich zum Bahnhof. **603**
Amanhã partimos para França.	Morgen fahren wir nach Frankreich.
De Lisboa seguiram para Fátima.	Von Lissabon fuhren sie nach Fátima weiter.

> Die Präposition **para** wird gebraucht bei Verben der Bewegung wie **caminhar, dirigir-se, fugir, partir, seguir** u. ä., um ein Ziel bzw. eine Richtung anzugeben.

Ontem vim para casa já muito tarde.	Gestern kam ich erst sehr spät nach Hause. **604**
Ele levou o dinheiro para o banco.	Er trug das Geld zur Bank.

> Die Präposition **para** steht in Verbindung mit Verben der Bewegung wie **ir, vir, voltar, levar, trazer**. Beim Gebrauch von **para** wird ein längerer Aufenthalt vorausgesetzt oder nur die Bewegungsrichtung angezeigt. Vgl. die Präposition **a** → 548.

O pai puxa mais para a filha do que para o filho.	Der Vater ist mehr der Tochter zugeneigt als dem Sohn. **605**
Não tenho vocação para médico.	Ich habe keine Berufung zum Arzt.

> Die Präposition **para** steht nach Verben und Wendungen, die eine Neigung, Begabung oder Berufung ausdrücken, wie **atirar, puxar, ter inclinação, ter vocação** u. ä.

606 Ficamos um pouco mais para acabarmos o trabalho.

Wir bleiben etwas länger, um die Arbeit fertigzustellen.

O livro foi traduzido para português.

Das Buch wurde ins Portugiesische übersetzt.

Estas flores são para ti.

Diese Blumen sind für dich.

O meu filho estuda para advogado.

Mein Sohn studiert Jus (wird Advokat).

> Die Präposition **para** dient zur Angabe von Absicht, Ziel, Zweck, Bestimmung u. ä.

607 6 está para 1 como 12 está para 2.

6 verhält sich zu 1 wie 12 zu 2.

> Die Präposition **para** dient zur Angabe eines Größenverhältnisses bzw. zur Aufstellung einer Proportion.

608 Para a semana não tenho tempo.

Nächste Woche habe ich keine Zeit.

Para o ano vamos à Madeira.

Nächstes Jahr fahren wir nach Madeira.

Penso acabar o trabalho lá para o dia 15.

Ich denke, die Arbeit so um den 15ten zu beenden.

Lá para as duas horas estaremos em casa.

So gegen zwei Uhr werden wir zu Hause sein.

> Die Präposition **para** wird für Zeitangaben, die die Zukunft und die Uhrzeit betreffen, verwendet.

Para steht auch nach einigen Verben wie **deixar, adiar, transferir, mudar**, um die Verschiebung auf einen späteren Zeitpunkt anzugeben. Bei den beiden letztgenannten Verben kann auch eine räumliche Veränderung ausgedrückt werden.

Deixamos isto para amanhã.

Wir lassen das für morgen.

A reunião foi adiada para a próxima semana.

Die Versammlung wurde auf nächste Woche vertagt.

O encontro foi transferido para outra data.

Das Treffen wurde auf ein anderes Datum verlegt.

609 O meu sogro está para se reformar.

Mein Schwiegervater steht kurz vor der Pensionierung.

Sinto que qualquer coisa está para acontecer.

Ich fühle, daß in Kürze etwas geschehen wird.

> Die Präposition **para** steht in Verbindung mit **estar** zur Bezeichnung eines unmittelbar bevorstehenden Ereignisses.

O empregado da loja não foi nada amável para com o cliente.

Der Verkäufer war überhaupt nicht freundlich zu dem Kunden. **610**

O professor de matemática é demasiado indulgente para com os alunos.

Der Mathematiklehrer ist zu nachsichtig gegen die Schüler.

> Die Präposition **para** wird mit **com** verbunden, wenn ein persönliches, gefühlsbetontes Verhalten ausgedrückt werden soll.

Verben mit der Präposition **para**: **611**

apelar para	appellieren an	olhar para	schauen auf
contribuir para	beitragen zu	preparar-se para	sich vorbereiten auf/
dar para	hinausgehen auf/		sich anschicken zu
	reichen für	rir-se para	anlachen (Akk.)
entrar para	eintreten in	servir para	dienen zu
		traduzir para	übersetzen in

Adjektive mit der Präposition **para**: **612**

apto para	fähig zu
bom para	gut für
indulgente para (com)	nachsichtig gegen
inútil para	unnütz für
mau para (com)	böse zu
próprio para	geeignet zu
útil para	nützlich für

por

Este livro foi traduzido por um amigo meu.

Dieses Buch wurde von einem meiner Freunde übersetzt. **613**

> Die Präposition **por** dient zur Bezeichnung des Urhebers der Handlung im passivischen Satz → 67.

614 Vamos por esta rua.

Gehen wir durch diese Straße.

Demos um passeio pelo bosque.

Wir machten einen Spaziergang durch den Wald.

> Die Präposition **por** dient zur Bezeichnung eines Weges, den man einschlägt, oder eines Ortes, den man durchquert.

615 Conta-me esta história por outras palavras!

Erzähl mir diese Geschichte mit anderen Worten!

É por amizade e não por interesse que procuro ajudá-lo.

Aus Freundschaft und nicht aus Eigennutz versuche ich, ihm zu helfen.

Não saímos por ser já muito tarde.
(= ... porque já era muito tarde.)

Wir gingen nicht weg, weil es schon sehr spät war.

> Die Präposition **por** dient zur Bezeichnung des Mittels oder des Grundes. In letzterem Fall entspricht die Fügung **por** + **inf.** der Konstruktion **porque** + Verb (in der entsprechenden Person) → 178.

616 Temos duas aulas de português por semana.

Wir haben zwei Portugiesischstunden pro Woche.

Pagámos duzentos escudos por pessoa.

Wir bezahlten zweihundert Escudos pro Person.

O juro foi de 11 por cento.

Der Zinsfuß betrug 11 Prozent.

> Die Präposition **por** bedeutet in gewissen Fällen „pro".

617 Quanto pagaste pelas laranjas?

Wieviel hast du für die Orangen bezahlt?

O homem vendeu-me os três quilos de peras por cem escudos, embora estivessem marcadas a quarenta escudos o quilo.

Der Mann verkaufte mir die drei Kilo Birnen um hundert Escudos, obwohl sie zu vierzig Escudos das Kilo angeschrieben waren.

Paguei-lhe 500 escudos pelo trabalho.

Ich habe ihm 500 Escudos für die Arbeit gezahlt.

Obrigado pelo favor que me fizeste.

Danke für die Gefälligkeit, die du mir erwiesen hast.

Die Präposition **por** wird auch zur Angabe von Warenpreisen, Entgelten, Gegen-diensten u. ä. verwendet. In diesen Fällen entspricht **por** dem deutschen „für". Vgl. Präposition **a** → 553.

pelas cinco da tarde	um etwa fünf Uhr nachmittag	**618**
pelo meio-dia	ungefähr um zwölf Uhr mittag	
pela manhã	im Laufe des Vormittags	
pela tardinha	am späten Nachmittag	
pela noitinha		

Die Präposition **por** wird für ungefähre Zeitangaben verwendet → 628.

O tapete tem 3 m por 2,5 m.	Der Teppich mißt 3 m mal 2,5 m.	**619**

Die Präposition **por** entspricht in Maßangaben dem deutschen „mal".

Faço-o por ti.	Ich mache es für dich.	**620**
Sempre lutei por esta ideia.	Immer habe ich für diese Idee gekämpft.	
O soldado morreu pela pátria.	Der Soldat starb für das Vaterland.	
A mãe pediu a Deus pelo filho doente.	Die Mutter betete zu Gott für ihren kranken Sohn.	
Sou pela justiça.	Ich bin für die Gerechtigkeit.	

Die Präposition **por** bedeutet „für" nach **fazer, interessar-se, lutar, morrer, orar, pedir, rezar, rogar, sacrificar-se, ser**, u. ä.

Fazer por kann auch in der Bedeutung „sich bemühen zu" verwendet werden:
Faz por compreender o que te digo.   Bemüh dich zu verstehen, was ich dir sage.

O trabalho ficou por fazer.	Die Arbeit blieb noch zu tun.	**621**
Os problemas mais importantes ficaram por resolver.	Die wichtigsten Probleme blieben unge-löst.	

Nach **ficar** steht die Präposition **por** zum Ausdruck einer Unterlassung oder eines Versäumnisses.

622 Verben mit der Präposition **por**:

acabar por	schließlich	felicitar por	gratulieren zu
(fazer a. c.)	(etwas tun)	gritar por	rufen nach
ansiar por	sich sehnen nach	interessar-se por	sich interessieren für
apaixonar-se por	sich verlieben in	multiplicar por	multiplizieren mit
chorar por	weinen um	olhar por	aufpassen auf
chamar por	rufen nach	optar por	sich entscheiden für
começar por	zuerst	perguntar por	fragen nach
(fazer a. c.)	(etwas tun)	repartir por	aufteilen auf
dar por	bemerken (Akk.)	substituir por	ersetzen durch
dividir por	dividieren durch	trocar por	tauschen gegen
esforçar-se por	sich bemühen zu	velar por ⎫	wachen über
esperar por	warten auf	zelar por ⎭	

623 Adjektive mit der Präposition **por**:

responsável por	verantwortlich für
ansioso por	sehnsüchtig nach
curioso por	gespannt darauf zu

624 Substantive mit der Präposition **por**:

respeito por	Achtung vor
interesse por	Interesse für

625 Die Präposition **por** in feststehenden Redewendungen:

Pelo (por) amor de Deus!	Um Gottes willen!
Por (pelo) meu/seu lado ⎫	meinerseits/seinerseits
Por (pela) minha/sua parte ⎭	
pela primeira (segunda, … última) vez	zum ersten (zweiten, … letzten) Mal
por acaso	durch Zufall
por exemplo	zum Beispiel
por favor	aus Gefälligkeit/bitte!
por hábito	aus Gewohnheit
por um lado … por outro lado	einerseits … andererseits

sob

debaixo da mesa	unter dem Tisch	**626**
sob a influência	unter dem Einfluß	
sob o aspecto	unter dem Gesichtspunkt	
sob a direcção	unter der Leitung	
sob a presidência	unter dem Vorsitz	

> Die Präposition **sob** wird in der Umgangssprache meist durch **debaixo de** ersetzt. Sie steht jedoch in verschiedenen Wendungen vorwiegend im übertragenen Sinn.

sobre

A névoa estendia-se sobre a cidade.	Der Nebel breitete sich über der Stadt aus.	**627**
O professor pôs a régua em cima da mesa.	Der Lehrer legte das Lineal auf den Tisch.	
Falámos sobre vários assuntos.	Wir sprachen über verschiedene Themen.	
Sobre isto nada mais tenho a dizer.	Darüber habe ich nichts mehr zu sagen.	

> Die Präposition **sobre** wird umgangssprachlich in räumlicher Bedeutung häufig durch **em cima de** bzw. **por cima de** ersetzt. Im übertragenen Sinn jedoch wird nur **sobre** verwendet.

Chegámos a casa já sobre a madrugada.	Wir kamen erst gegen Morgen nach Hause.	**628**
No Verão, sobre o almoço apetece dormir um pouco.	Im Sommer, nach dem Mittagessen, hat man Lust, ein wenig zu schlafen.	

> In zeitlicher Bedeutung entspricht die Präposition **sobre** dem deutschen „gegen"/ „ungefähr" bzw. „nach". Vgl. **por** → 618.

Sobre ser doente era velho.	Er war krank und außerdem alt.	**629**

> Die Präposition **sobre** kann manchmal auch die Bedeutung von **além de** (außerdem) annehmen.

trás

Die Präposition **trás** ist heute kaum noch in Gebrauch; sie wird allgemein durch **após,** **depois de** oder durch **atrás de** ersetzt.   **630**

Die Konjunktion
(A conjunção)

Die portugiesische Grammatik unterscheidet: **631**

conjunções coordenativas	koordinierende Konjunktionen
copulativas	kopulative ⎫
disjuntivas	disjunktive ⎬ Konjunktionen
adversativas	adversative ⎬
conclusivas	konklusive ⎭

conjunções subordinativas	subordinierende Konjunktionen
condicionais	konditionale ⎫
causais	kausale
finais	finale
temporais	temporale ⎬ Konjunktionen
concessivas	konzessive
consecutivas	konsekutive
comparativas	komparative
integrantes	Vgl. → 661. ⎭

Kopulative Konjunktionen

e	und	não só ... mas	nicht nur ...	**632**
nem	und (auch) nicht	também	sondern auch	
que	und	tanto ... como	sowohl ... als auch	

633	Passei junto de uma livraria, vi este livro na montra, entrei e comprei-o.	Ich kam an einer Buchhandlung vorbei, sah dieses Buch in der Auslage, trat ein und kaufte es.
A festa foi interessante, alegre e divertida.	Das Fest war interessant, fröhlich und unterhaltsam.
Era uma apoteose de cor e som e harmonia.	Es war eine Apotheose von Farben und Klängen und Harmonie.

> Werden mehr als zwei Sätze oder Satzteile verbunden, steht die Konjunktion **e** normalerweise nur vor dem letzten Satz bzw. Satzteil. Aus stilistischen Gründen jedoch kann **e**, ebenso wie im Deutschen „und", wiederholt werden.

634	Não sei como se chama a rua, nem onde fica.	Ich weiß nicht, wie die Straße heißt und auch nicht, wo sie ist.
Não tenho tempo nem dinheiro para viajar.	Ich habe keine Zeit und auch kein Geld, um zu reisen.

> Die Konjunktion **nem** verbindet zwei verneinte Sätze oder Satzteile.

635	A chuva bate que bate na vidraça.	Der Regen klopft und klopft an die Fensterscheibe.
Tivemos uma conversa muito séria, que não uma simples troca de impressões.	Wir hatten ein sehr ernstes Gespräch und nicht einen einfachen Meinungsaustausch.

> **Que** steht als kopulative Konjunktion an Stelle von **e** in bestimmten Wendungen oder gelegentlich in der literarischen Sprache.

Disjunktive Konjunktionen

636

ou	oder
ou ... ou	entweder ... oder
nem ... nem	weder ... noch
ora ... ora	einmal ... einmal
já ... já	bald ... bald
quer ... quer	ob ... ob/oder
seja ... seja	sei es ... sei es

Todos os dias vão passear, quer chova, quer faça sol.	Täglich gehen sie spazieren, ob es regnet oder die Sonne scheint.	**637**
Ele lê tudo, quer por interesse, quer por curiosidade.	Er liest alles, sei es aus Interesse, sei es aus Neugier.	
Seja na rua, seja no café, todos os dias o encontro.	Sei es auf der Straße, sei es im Café, jeden Tag treffe ich ihn.	

Quer ... quer verbindet Satzteile oder Sätze, wobei das nachfolgende Verb im **conj.** steht.
Seja ... seja verbindet nur Satzteile miteinander.

Adversative Konjunktionen

mas	aber/sondern
senão	sondern
porém	
todavia	jedoch
contudo	
enquanto	
ao passo que	während
apesar disso	trotzdem
ainda assim	
mesmo assim	trotzdem/immerhin
no entanto	indessen/jedoch
não obstante	trotzdem/gleichwohl

Não vamos ao cinema, mas sim ao teatro.	Wir gehen nicht ins Kino, sondern ins Theater.	**639**
O que mais me interessa não é a ideia, mas antes a sua realização prática.	Was mich am meisten interessiert ist nicht die Idee, sondern eher ihre praktische Verwirklichung.	
O que nele mais admiro não é o escritor, mas antes o homem.	Was ich an ihm am meisten bewundere ist nicht der Schriftsteller, sondern der Mensch.	

Die Konjunktion **mas** kann durch **sim** oder durch **antes** verstärkt werden.

---

640 Ainda não o vi, mas sei que já chegou.

Ich habe ihn noch nicht gesehen, ich weiß aber, daß er schon da ist.

O concerto foi mau. No entanto, toda a gente aplaudiu muito.

Das Konzert war schlecht. Alle applaudierten jedoch viel.

O silêncio era profundo. De repente, porém, elevou-se uma voz.

Es war tiefe Stille. Plötzlich jedoch erhob sich eine Stimme.

> Die Konjunktion **mas** steht nur am Anfang eines Satzes bzw. Satzteiles, während die Konjunktionen **porém/todavia/contudo/no entanto** auch in der Mitte stehen können.
>
> Letztere Konjunktionen werden meist zwischen Beistriche gesetzt und gehören eher der Schriftsprache an.

641 Não era uma jóia de ouro nem de prata, senão uma simples peça de bijuteria.

Es war weder ein Schmuckstück aus Gold, noch aus Silber, sondern einfacher Modeschmuck.

> **Senão** als Konjunktion ist gleichbedeutend mit **mas sim**. Vgl. **senão** als Adverb → 529.

Konklusive Konjunktionen

642
logo
pois
portanto
por isso   } also/deshalb/folglich
por conseguinte
por consequência
consequentemente

643 Esqueci-me do dinheiro em casa. Logo, não pude comprar os bilhetes.

Ich habe das Geld zu Hause vergessen. Also konnte ich die Karten nicht kaufen.

Toda a gente tem hoje muito que fazer. Não há, pois, ninguém que me acompanhe.

Alle haben heute viel zu tun. Es ist also niemand da, der mich begleitet.

> **Logo** und **pois** als **conjunções conclusivas** bedeuten „also". Vgl. **logo** und **pois** als Adverbien → 505 bzw. 516.

Ainda não vi o filme e, portanto, nada te posso dizer sobre ele.	Ich habe den Film noch nicht gesehen, folglich kann ich dir nichts über ihn sagen.	**644**

> Die Konjunktionen **portanto, por isso, por conseguinte** können am Anfang oder in der Mitte eines Satzes stehen und werden zwischen Beistriche gesetzt → 729.

Konditionale Konjunktionen

645

se	wenn
a menos que a não ser que }	es sei denn
(no) caso (que) contanto que dado que desde que }	falls
como se	wie wenn/als ob
excepto se salvo se }	ausgenommen, wenn
sem que	ohne daß
suposto que	angenommen, daß
uma vez que	wenn/falls einmal

646

Se puderes, telefona-me amanhã.	Wenn du kannst, ruf mich morgen an.
No fim-de-semana podemos ir à praia, a menos que vocês já tenham outros projectos.	Am Wochenende können wir an den Strand gehen, es sei denn, ihr habt schon andere Pläne.
Toda a gente riu muito, como se a história tivesse muita graça.	Alle lachten sehr, als ob die Geschichte sehr witzig wäre.

> Alle konditionalen Konjunktionen verlangen das **conj.**, und zwar stehen **se, excepto se** und **salvo se** mit dem **fut.** bzw. **impf.**, die übrigen aber mit dem **pres.** bzw. **impf.** → 162, 167, **como se** steht nur mit dem **impf. conj.** → 164.

Kausale Konjunktionen

647

que	
porque	weil
por isso que	
porquanto	
pois (que)	denn/weil
como	
visto como	da
visto que	
já que	da nun schon
uma vez que	da nun einmal
tanto mais que	umso mehr als

648

Não pude vir ontem, porque perdi o comboio.

Ich konnte gestern nicht kommen, weil ich den Zug versäumt habe.

Não compreendi o que disseram, pois todos falavam ao mesmo tempo.

Ich verstand nicht, was sie sagten, denn alle sprachen zur gleichen Zeit.

Como não tinha papel, não escrevi a carta.

Da ich kein Papier hatte, schrieb ich den Brief nicht.

Já que estamos em Lisboa, vamos a uma casa de fados.

Da wir nun schon in Lissabon sind, gehen wir in ein Fadolokal.

> Die Konjunktionen **porque, porquanto, pois** etc. leiten Nebensätze ein, die im allgemeinen nach dem Hauptsatz stehen; **como** und **já que** hingegen solche, die dem Hauptsatz vorangehen.

649

Uma vez que sabes como é, não preciso de te dizer mais nada.

Da du nun einmal weißt, wie es ist, brauche ich dir nichts mehr zu sagen.

Uma vez que seja preciso, não me importo de te ajudar.

Wenn es einmal notwendig sein sollte, macht es mir nichts aus, dir zu helfen.

> **Uma vez que** als **conjunção causal** wird mit dem **ind.** verwendet, als **conjunção condicional** jedoch verlangt es das **conjuntivo**.

Finale Konjunktionen

650

que	daß/damit
a fim de que ⎫ para que ⎬	damit

Alle finalen Konjunktionen verlangen das **conj.** → 145.

Temporale Konjunktionen

651

quando	wenn/als
à medida que	in dem Maße als/so wie
antes que	bevor/ehe
ao passo que	während
apenas ⎫ mal ⎬	kaum/sobald
assim que ⎫ logo que ⎬	sobald
depois que	nachdem/sobald
desde que	seit
enquanto	während/solange
primeiro que	bevor
sempre que ⎫ todas as vezes que ⎬	immer wenn/sooft/wann immer
tanto que	sobald

Fast alle temporalen Konjunktionen werden sowohl mit dem **ind.** als auch mit dem **conj.** verwendet → 147, 168.

652

Não podemos sair antes que ele chegue. (= ... antes de ele chegar.)

Wir können nicht weggehen, bevor er kommt.

Depois que fizemos esta viagem juntos, ficámos amigos. (= Depois de termos feito ..., ficámos amigos.)

Nachdem wir diese Reise zusammen gemacht haben, sind wir Freunde geworden.

Depois que tenhas tudo pronto, podes sair. (= Depois de teres ..., podes sair.)

Sobald du alles fertig hast, kannst du gehen.

> Antes que und depois que werden selten verwendet. Meist stehen dafür antes de bzw. depois de in Verbindung mit dem inf. pessoal → 178.
> Während die Konjunktion antes que mit dem conj. verwendet wird, kann depois que sowohl mit dem ind. als auch mit dem conj. stehen → 147.

653 Íamos conversando ao passo que caminhá- / vamos pela vereda do bosque.

Wir plauderten, während wir den Waldweg entlang gingen.

> Die Konjunktion ao passo que wird mit dem ind. verwendet. Findet sich jedoch in dieser Bedeutung sehr selten.

Konzessive Konjunktionen

654
ainda que apesar de que conquanto embora posto (que) se bem que	obwohl/obgleich/wenn auch
ainda quando mesmo que nem que	selbst wenn/wenn auch
por mais que por muito que	so sehr/viel auch
por pouco que	so wenig auch

655 Ontem ainda lhe falei, posto que já fosse/ era tarde.

Gestern habe ich ihn noch gesprochen, obgleich es schon spät war.

Demorei-me muito tempo no médico, apesar de que não havia lá muita gente.
(= ..., apesar de não haver lá ...)

Ich brauchte lange beim Arzt, obwohl nicht viele Leute dort waren.

> Die konzessiven Konjunktionen stehen grundsätzlich mit dem conj. → 146.
> Posto que und das selten verwendete apesar de que können auch mit dem ind. verbunden werden.

Konsekutive Konjunktionen

de (tal) forma que
de (tal) jeito que
de (tal) maneira que
de (tal) modo que ⎬ so, daß/derart, daß
de (tal) sorte que
(tanto/tão) ... que

656

Nach allen konsekutiven Konjunktionen kann sowohl das **ind.** als auch das **conj.** verwendet werden, je nachdem, ob es sich um eine Tatsache oder um eine Annahme bzw. eine Möglichkeit handelt → 148.

O barulho era tal que ninguém se entendia.	Der Lärm war derart, daß keiner den anderen verstand.	**657**
Foi tão grande a surpresa que não conseguiu dizer nada.	Die Überraschung war so groß, daß er nichts zu sagen vermochte.	
A notícia afectou-o de tal maneira que ficou doente.	Die Nachricht traf ihn so sehr, daß er krank wurde.	

> **Que** ist dann eine konsekutive Konjunktion, wenn es mit **tal, tanto/tão, de tal modo** u. ä. verbunden wird.

Komparative Konjunktionen

como   wie

conforme
consoante ⎬ (so,) wie
segundo

que   als

assim como
assim também
bem como ⎬ (ebenso,) wie
do mesmo modo que
tal como

658

659   Não fizeste o café conforme eu te ensinei.

Du hast den Kaffee nicht so zubereitet, wie ich es dir zeigte.

Como estava combinado, encontrámo-nos ontem.

(So,) wie es vereinbart war, trafen wir einander gestern.

Faz como quiseres.

Mach, wie du willst.

> Die komparativen Konjunktionen stehen im allgemeinen mit dem **indicativo**.
> In gewissen Fällen der Annahme bzw. der Möglichkeit wird jedoch das **conj.** verwendet → 164, 169.

660   Hoje está menos frio que ontem.

Heute ist es weniger kalt als gestern.

Hamburgo tem mais habitantes que Colónia.

Hamburg hat mehr Einwohner als Köln.

> Die Konjunktion **que** ist die Vergleichspartikel entsprechend dem deutschen „als" nach einem Komparativ → 340, 342.

Conjunções integrantes

661   que   daß
se   ob

662   Olhei para o relógio e vi que estava parado.

Ich blickte auf die Uhr und sah, daß sie stand.

Sinto que posso confiar em ti.

Ich fühle, daß ich mich auf dich verlassen kann.

O professor perguntou se estavas doente.

Der Lehrer fragte, ob du krank seist.

Não sei se poderei ir ao Brasil este ano.

Ich weiß nicht, ob ich dieses Jahr nach Brasilien fahren kann.

> Den **conjunções integrantes que** und **se** entsprechen im Deutschen die unterordnenden Konjunktionen „daß" und „ob".
> **Que** (daß) leitet Subjekt- bzw. Objektsätze, **se** (ob) indirekte Fragesätze ein.

Die Interjektion
(A interjeição)

Bei den Interjektionen unterscheidet man die eigentlichen Ausrufewörter und solche, **663**
die gelegentlich als Ausruf gebraucht werden.
Dazu kommen noch Wendungen, die den Charakter eines Ausrufs annehmen können.

Interjektionen drücken aus:

Freude   **664**

Ah!	Ah!
Oh!	Oh!
Óptimo!	Bestens!
Magnífico!	Herrlich!

Schmerz   **665**

Ai! ⎱	
Ui! ⎰	Au! Auweh!

Kummer, Klage, Bedauern   **666**

Ai!	Oje!
Ai, ai!	Oje, oje!
Ai, Jesus! ⎱	
Ai, meu Deus! ⎰	Oh mein Gott!
Ai de mim!	Weh mir!
Valha-me Deus!	Gott steh mir bei!
Que pena!	Wie schade!
Coitado!	Der Arme!
Coitadinho!	Der Ärmste!

667 Verwunderung, Erstaunen, Überraschung

Ah!	Ah!
Oh!/Ih!	Oh!
Ora essa!	Aber ich bitte Sie!
Essa é boa!	Das ist aber schön! (iron.)

668 Entrüstung, Ärger, Unwillen

Abaixo!	Nieder!
Alto lá!	Halt!
Apre!	Pfui!
Basta!	Genug!
Caramba!	Donnerwetter!
Credo!	Um Gottes Willen!/Schrecklich!
Diabo!	Verdammt!
Fora!	Hinaus!
Irra!	Zum Kuckuck!
Morra!	Nieder!

669 Begeisterung, Ermunterung, Ermutigung

Anda!	Geh!
Apoiado! ⎫	
Bravo! ⎭	Bravo!
Coragem!	Nur Mut!
Eia!	Auf!/Los!
Hip, hip, hurra!	Hipp, hipp, hurra!
Hurra!	Hurra!
Muito bem!	Sehr gut!
Vá!	Geh!
Vamos!	Los!
Viva ...!/Viva!	Es lebe ...!/Hoch!

670 Wunsch

Deus queira! ⎫	
Oxalá! ⎬	Hoffentlich!/Gebe es Gott!
Praza a Deus! ⎭	
Quem me/nos dera!	Das wäre schön!

Aufforderung zum Schweigen 671

Psiu!	Pst!
Caluda! ⎱	Ruhe!
Silêncio! ⎰	
Pouco barulho!	Weniger Lärm!

Anruf, Hilferuf 672

Olá!	Hallo!
Olha/olhe (lá)!	Schau!/Schauen Sie!
Ouve/oiça (lá)!	Hör mal!/Hören Sie!
Cuidado! ⎱	Vorsicht!
Cautela! ⎰	
Atenção!	Achtung!
Socorro! ⎱	(zu) Hilfe!
Ó da guarda! ⎰	

Ó Paula!	Paula!	673
Ó pai!	Vater!	
Ó senhor Monteiro!	Herr Monteiro!	

> Um jemanden zu rufen, verwendet man im Portugiesischen, vor allem im vertrauten Umgang, die Partikel **ó** vor dem Namen bzw. vor der Verwandtschaftsbezeichnung.

Die Aussprache
(A pronúncia)

Die Aussprache des Portugiesischen unterscheidet sich weitgehend von der anderer **674** romanischer Sprachen.

Es werden, vor allem in Portugal, die unbetonten Vokale stark abgeschwächt; das unbetonte **e** kann sogar ganz ausfallen.

Sehr wichtig ist die Nasalierung, die nicht nur bei allen einfachen Vokalen, sondern auch bei den Diphthongen möglich ist.

Nachstehend werden die wichtigsten Laute mit Hilfe des Schriftsystems der „Association Phonétique Internationale" angeführt und es wird ihre Aussprache erläutert.

Vokale in betonter Stellung
Vgl. Betonung → 688–699.

A   675

lado [ˈladu]	offen wie in sagen
fama [ˈfɐmɐ]	geschlossen, etwas nasal gefärbt
manhã [mɐˈɲɐ̃]	nasaliert

E

perto [ˈpɛrtu]	offen wie in Fell
tema [ˈtemɐ]	geschlossen, etwas nasal gefärbt
cedo [ˈsedu]	geschlossen wie in leben
denso [ˈdẽsu]	nasaliert

I

vida ['vidɐ]	wie in Krise
jardim [ʒɐr'dĩ]	nasaliert

O

bola ['bɔlɐ]	offen wie in Osten
fogo ['fogu]	geschlossen wie in Rose
com [kõ]	nasaliert

U

tudo ['tudu]	wie in Ufer
comum [ku'mũ]	nasaliert

Vokale in unbetonter Stellung

676 A

amigo [ɐ'migu]	geschlossen, stark abgeschwächt
padeiro [pa'deiru]	offen in einigen Fällen

E

dever [də'ver]	wie in bitten, meist kaum hörbar
pegada [pɛ'gadɐ]	offen in einigen Fällen
elegante [ilə'gẽntə]	anlautend, eine Silbe bildend, wie i
estar [ʃtar]	es anlautend vor einem Konsonanten wie s in Stein
exposição [(ei)ʃpuzi'sẽu]	ex anlautend vor einem Konsonanten [eiʃ] bzw. [ʃ]

I

ligar [li'gar]	i wie in betonter Stellung
ministro [mə'niʃtru]	vor einem i in der nächsten Silbe wie [ə], kaum hörbar

O

lago ['lagu]	meistens, auslautend immer wie **u**
hotel [ɔ'tɛl]	in einigen Fällen offen
opor [o'por]	in einigen Fällen geschlossen

U

português [purtu'geʃ]	**u** wie in betonter Stellung

Halbvokale

E   677

passear [pɐ'sjar]	als **i** wie in Ferien

I

rádio ['ʁadju]	wie in Radio

O

voar [vwar]	wie ein kurzes **u**

U

quase ['kwazə]	wie ein kurzes **u**

Diphthonge

678 In den portugiesischen Diphthongen behält jeder Vokal seinen eigenen Wert.
Bei den Oraldiphthongen muß man vor allem auf den Unterschied zwischen [e] und [ɛ]
sowie zwischen [o] und [ɔ] achten.

Oraldiphthonge

679   **ai** pai [pai]
      éi papéis [pɐˈpɛiʃ]
      ei leito [ˈleitu]
          ei wird heute, vor allem in Lissabon, als [ɐi] gesprochen.
      ói herói [iˈrɔi]
      oi oito [ˈoitu]
      ui cuidar [kuiˈdar]
      au aula [ˈaulɐ]
      éu chapéu [ʃɐˈpɛu]
      eu europeu [euruˈpeu]
      iu partiu [pɐrˈtiu]
      ou ouro [ˈoru]
          ou wird heute nicht mehr als Diphthong, sondern als [o] gesprochen.

Nasaldiphthonge

680   **ão** alemão [ɐləˈmɐ̃u]
      ãe mãe [mɐ̃i]
      õe lições [liˈsõiʃ]
      ui muito [ˈmũitu]
          ui ist nur in diesem Wort nasaliert.

Die Endungen **-am** und **-em** werden als unbetonte Nasaldiphthonge ausgesprochen:
falam [ˈfalɐ̃u]
comem [ˈkɔmɐ̃i]
nuvem [ˈnuvɐ̃i]

Konsonanten

c	casa ['kazɐ]	vor **a, o, u** und Konsonanten wie **k**
	fácil ['fasił]	vor **e** und **i** [s] wie in lassen
	praça ['prasɐ]	vor **a, o** und **u** mit **cedilha** wie in lassen
ch	chamar [ʃɐ'mar]	wie in **Sch**af
g	gato ['gatu]	vor **a, o** und **u** und Konsonanten wie in Gabel
	fugir [fu'ʒir]	vor **e** und **i** wie in Garage
	guerra ['gɛʀɐ]	**gu** vor **e** und **i** als [g]
	língua ['lĩŋgwɐ]	das **u** zwischen g und **a** bzw. **o** wird als Halbvokal [w] ausgesprochen
h	hoje ['oʒə]	wird nicht ausgesprochen
j	jogo ['ʒogu]	wird immer [ʒ] ausgesprochen
l	lugar [lu'gar]	an- oder inlautend wie im Deutschen
	jornal [ʒur'nał]	auslautend velar wie im englischen Wort ball
lh	filho ['fiʎu]	wie italienisches **gl** in Cagliari
nh	minha ['miɲɐ]	wie italienisches **gn** in Bologna
qu	aqui [ɐ'ki]	wie **k**; vor **e** und **i** wird das **u** meist nicht ausgesprochen
	tranquilo [trɛ̃ŋ'kwilu]	nur in einigen Fällen wird das **u** als Halbvokal [w] ausgesprochen
	quatro ['kwatru]	vor **a** und **o** wird das **u** als Halbvokal ausgesprochen
r	rua ['ʀuɐ]	anlautendes **r** sowie **rr** werden als gerolltes Zungen-r ausgesprochen
	carro ['kaʀu]	
	caro ['karu]	intervokales **r** wird mit einer Vibration der Zunge ausgesprochen

s semana [sə'mɐnɐ] ⎫	anlautendes **s, s** nach einem Konsonanten
pensar [pẽ'sar] ⎬	und **ss** werden als [s] ausgesprochen wie in
passear [pɐ'sjar] ⎭	lassen
rosa ['ʀɔzɐ]	intervokal als [z] wie in lesen
livros ['livruʃ]	auslautend als [ʃ] wie in Ti**sch**
livros bons ['livruʒ bõʃ]	[ʒ] vor stimmhaften Konsonanten
livros antigos ['livruz ‿ɐ̃n'tiguʃ]	[z] vor Vokalen
v povo ['povu]	immer wie **w** in Wa**ss**er
x xadrez [ʃɐ'dreʃ]	anlautend als [ʃ] wie in Ti**sch**
exame [i'zɐmə]	wie [z] in lesen
fixar [fi'ksar]	wie **x** in fixieren
próximo ['prɔsimu]	wie [s] in lassen
z fazer [fɐ'zer]	an- oder inlautend als [z] wie in lesen
dez [dɛʃ]	als Endlaut wie auslautendes **s**

Die nicht angeführten Konsonanten werden ähnlich den deutschen ausgesprochen.

Verbindung von Wörtern zu Sprecheinheiten

682 Aufeinanderfolgende Wörter werden nicht einzeln ausgesprochen, sondern miteinander zu Sprecheinheiten verbunden. Das geschieht beispielsweise dann, wenn ein Wort auf einen Konsonanten endet und das nächste mit einem Vokal beginnt:
os meus irmãos [uʒ meuz‿ir'mẽuʃ]
abrir a porta [ɐ'brir‿ɐ 'pɔrtɐ]

683 Ein auslautendes **e** sowie auch manchmal ein solches **a** oder **o** fallen vor einem anlautenden Vokal aus:
um grande amigo [ũ 'grɐ̃nd‿ɐ'migu]
uma clara imagem ['umɐ 'klar‿i'maʒɐ̃i]
um longo Inverno [ũ 'lõŋg‿ĩ'vɛrnu]

684 Zwei unbetonte **a**, die aufeinander treffen, werden offen als [a] ausgesprochen:
uma amiga ['um‿a'migɐ]
abra a porta ['abra 'pɔrtɐ]

Orthographie und Interpunktion (Ortografia e pontuação)

Das portugiesische Alphabet besteht aus 23 Buchstaben: **685**

a [a]	**f** [ˈɛfə]	**l** [ˈɛlə]	**q** [ke]	**v** [ve]
b [be]	**g** [ge]	**m** [ˈɛmə]	**r** [ˈɛʀə]	**x** [ʃiʃ]
c [se]	**h** [ɐˈga]	**n** [ˈɛnə]	**s** [ˈɛsə]	**z** [ze]
d [de]	**i** [i]	**o** [ɔ]	**t** [te]	
e [ɛ]	**j** [ʒe/ˈʒɔtɐ]	**p** [pe]	**u** [u]	

Die drei Buchstaben **k** *(cá/capa)*, **w** *(duplo vê/vê dobrado)* und **y** *(i grego/ípsilon)* finden sich nur in Fremdwörtern und in Ableitungen von fremden Namen.

carro	comummente	leccionar	**686**
passo	connosco	acção	

> Außer **rr** und **ss** sowie **cc** und **cç** gibt es im Portugiesischen keine Doppelkonsonanten. Ausnahmen sind **mm** in einigen Adverbien der Art und Weise → 490 und **nn** in **connosco** → 387.

afecção [ɐfɛˈsẽu]	excepção [(ei)ʃsɛˈsẽu]	**687**
confeccionar [kõfɛsjuˈnar]	excepcional [(ei)ʃsɛsjuˈnał]	
acto [ˈatu]	baptismo [baˈtiʒmu]	

Die Konsonanten **c** und **p** werden vor **ç, c** und **t** meist nicht ausgesprochen. Der vorangehende Vokal ist in diesen Fällen offen.

In einigen Fällen jedoch werden **c** und **p** ausgesprochen:

secção [sɛk'sẽu]   apto ['aptu]
facto ['faktu]   adepto [ɐ'dɛptu]
intelecto [ĩntə'lɛktu]

Betonung und Akzentsetzung

688   médico ['mɛdiku]   português [purtu'geʃ]   à [a]
lá [la]   cântaro ['kẽntɐru]   manhã [mɐ'ɲẽ]
avó [ɐ'vɔ]

Im Portugiesischen gibt es drei Akzente: **acento agudo** (´), **acento grave** (`) und **acento circunflexo** (^). Der **acento agudo** gibt an, daß der Vokal offen, der **circunflexo** gibt an, daß der Vokal geschlossen auszusprechen ist. Letzterer zeigt auch die Nasalierung an, wenn **m** + Konsonant oder **n** + Konsonant folgen. Der **acento grave** steht heute nur noch in den Kontraktionen **à/àquilo/àquele** etc.
Außerdem gibt es noch den **til** (˜), welcher die Nasalierung der Vokale **a** und **o** anzeigt.
Sowohl der **acento agudo** als auch der **acento circunflexo** stehen immer in der betonten Silbe eines Wortes.

689   rosa ['ʁɔzɐ]   amigo [ɐ'migu]   estudante [ʃtu'dẽntə]

Die Wörter mit den Endungen **-a, -o** oder **-e**, die keinen Akzent tragen, werden auf der vorletzten Silbe betont.

690   café [kɐ'fɛ]   já [ʒa]   mérito ['mɛritu]
avô [ɐ'vo]   câmara ['kɐmɐʁɐ]   hélice ['ɛlisə]

Ein Wort, das auf **-a, -o** oder **-e** endet und auf der letzten oder drittletzten Silbe betont wird, trägt einen Akzent.

animal [ɐni'maɫ]	abri [ɐ'bri]	chapéu [ʃɐ'pɛu] **691**
dormir [dur'mir]	tabu [ta'bu]	irmão [ir'mẽu]
rapaz [ʀɐ'paʃ]	varapau [varɐ'pau]	cantou [kẽn'to]

> Endet ein Wort auf **-l, -r, -z, -i, -u** oder auf einen Diphthong, so wird die letzte Silbe betont. Der **acento agudo** bei den Endungen **-éi, -éu** und **-ói** zeigt an, daß die Vokale **e** bzw. **o** offen auszusprechen sind.
>
> Auch die Wörter auf **-ou** sind endungsbetont, obgleich dieser Laut nicht mehr als Diphthong gesprochen wird.

fácil ['fasiɫ]	júri ['ʒuri]	**692**
dólmen ['dɔɫmen]	húmus ['umuʃ]	
dólar ['dɔlar]	órgão ['ɔrgẽu]	
fénix ['fɛniʃ]	bênção ['bẽsẽu]	

> Ein Wort, das auf **-l, -n, -r, -x, -i, -u** oder einen Diphthong endet und auf der vorletzten Silbe betont ist, trägt auf dieser Silbe einen Akzent.

barcos ['barkuʃ]	colibris [kuli'briʃ]	jardim [ʒɐr'dĩ] **693**
pobres ['pɔbrəʃ]	lápis ['lapiʃ]	álbum ['aɫbũ]
avós [ɐ'vɔʃ]	órfãos ['ɔrfẽuʃ]	alguns [aɫ'gũʃ]

> Der Konsonant **-s** am Ende eines Wortes, zumeist die Pluralendung, hat keinen Einfluß auf die angeführten Regeln der Betonung. Das gleiche gilt für **-m** und die Pluralendung **-ns**.

ficam ['fikẽu]	também [tẽm'bẽi] **694**
comem ['kɔmẽi]	armazéns [armɐ'zẽiʃ]
nuvens ['nuvẽiʃ]	

> Die Endungen **-am, -em** und **-ens** werden als unbetonte Nasaldiphthonge ausgesprochen. Sollen die beiden letztgenannten betont werden, erhalten sie einen **acento agudo**.

695

rápido [ˈʀapidu]	rádio [ˈʀadju]
líquido [ˈlikidu]	polícia [puˈlisjɐ]
húmido [ˈumidu]	imundície [imũnˈdisjə]
tépido [ˈtɛpidu]	árduo [ˈardwu]
relâmpago [ʀəˈlẽmpɐgu]	tábua [ˈtabwɐ]

> Alle Wörter, die auf der drittletzten Silbe betont werden, müssen einen Akzent tragen. Die Endungen **-io, -ia, -ie, -uo** und **-ua** zählen für die Betonung als zweisilbig. In Wörtern wie **elogio** [iluˈʒiu], **comia** [kuˈmiɐ] wird daher das **i** betont.

696

aí [ɐˈi]	ruído [ˈʀwidu]
moído [ˈmwidu]	graúdo [grɐˈudu]

> Sollen zwei aufeinanderfolgende Vokale nicht als Diphthong, sondern getrennt ausgesprochen werden, so erhält der zweite, betonte Vokal einen Akzent.

Vor **nh** in der nächsten Silbe oder vor einem Konsonanten (außer **s**) derselben Silbe wird kein Akzent gesetzt. Dies ist auch dann der Fall, wenn dem **i** des Diphthongs ein **u** folgt:

rainha [ʀɐˈiɲɐ]	paul [pɐˈul]
ainda [ɐˈĩdɐ]	raiz [ʀɐˈiʃ]
contrair [kõntrɐˈir]	saiu [sɐˈiu]

Aber:

contraíres [kõntrɐˈirəʃ]	raízes [ʀɐˈizəʃ]

697

dêmos *(pres. conj.)*	pôde *(pret. perf. s.)*	cantámos *(pret. perf. s.)*
demos *(pret. perf. s.)*	pode *(pres. ind.)*	cantamos *(pres. ind.)*

> Gleichgeschriebene Formen eines Verbs, die sich durch offene und geschlossene Vokale unterscheiden, erhalten einen Akzent.

698

pára – para	pólo – polo
pélo – pelo	pêra – pera
pêlo – pelo	pêro – pero
péla – pela	pôr – por

> Einige Wörter werden mit einem Akzent versehen, um sie von gleichgeschriebenen Präpositionen (auch veralteten) bzw. deren Kontraktionen zu unterscheiden.

lâmpada	cômputo	límpido	cúmplice	**699**
cântaro	cêntuplo	íntimo	núncio	

> In Wörtern, die auf der drittletzten Silbe betont werden, erhalten **a, o** und **e**, vor einem **m** oder **n** stehend, als Tonvokale dieser Silbe den **acento circunflexo**. Die Laute **i** und **u** werden in diesem Fall mit dem **acento agudo** versehen.

Silbentrennung

a – cor – dar	de – sen – vol – ver	ac – ção	**700**
ex – pli – car	des – pe – sa	ins – ta – la – ção	

> Die Silbentrennung erfolgt im Portugiesischen grundsätzlich nach Sprechsilben.

óp-ti-ca	des-ta-car	am-né-si-a	**701**
a-dap-tar	ob-jec-to	com-pa-rar	
des-cer	in-sig-ne	con-ten-te	

> Zwei aufeinanderfolgende Konsonanten werden bei der Teilung des Wortes grundsätzlich getrennt.

de-cla-rar	in-cré-du-lo	fe-char	**702**
a-pli-car	en-tra-da	bi-lhe-te	
su-bli-me	a-gra-dar	li-nho	
a-fli-to	ne-vro-se		

> Die Konsonanten **b, c, d, f, g, p, t** und **v** werden nie von einem folgenden **l** oder **r** getrennt. Auch die Verbindungen **ch, lh** und **nh** dürfen nicht geteilt werden.

fer-ro	pas-so	ac-ção	ac-ci-o-nar **703**

> Doppelkonsonanten werden immer getrennt.

704

abs-ten-ção	am-pli-ar	lem-brar
árc-ti-co	trans-gre-dir	em-ble-ma
trans-pa-ren-te	in-clu-ir	cons-tru-ção

> Stehen mehr als zwei Konsonanten nacheinander, so erfolgt die Trennung grund-
> sätzlich vor dem letzten.
> Die oben genannten Konsonantenverbindungen → 702 dürfen jedoch nicht getrennt
> werden.

705

bai-xo	ca-dei-ra	coi-sa	li-ção

> Die Vokale eines Diphthongs sind untrennbar.

706

cons-tru-ir	su-or	sa-iu	sai-ais
vo-o	a-li-an-ça	a-rei-a	

> Zwei Vokale, die keinen Diphthong bilden, ein Diphthong und ein Vokal, sowie zwei
> Diphthonge können getrennt werden. Es ist jedoch aus ästhetischen Gründen zu ver-
> meiden, einen einzelnen Vokal in die nächste Zeile zu setzen.

707

le-que	re-quei-ro	li-guei
qua-tro	se-guir	am-bí-guo

> Die Gruppen **qu** und **gu** werden nie von einem nachfolgenden Vokal oder Diphthong
> getrennt, auch dann nicht, wenn das **u** gesprochen wird.

708

dou-	cala-	primeiro-	quarta-
-lhe	-se	-ministro	-feira

> Bei Wörtern, die durch einen Bindestrich verbunden sind, muß dieser im Fall ihrer
> Trennung in der nächsten Zeile wiederholt werden.

Großschreibung

Die Frage der Großschreibung ist in einigen Fällen nicht leicht zu beantworten, da die **709**
hiefür geltenden Regeln kaum noch befolgt werden. Eine starke Tendenz zur Klein-
schreibung ist zu beobachten.

Era tarde. Seria necessário partir imediatamente.	Es war spät. Es würde notwendig sein, sofort wegzugehen.
Olha lá! Não queres vir comigo? Não gostava de ir sozinha.	Schau mal! Willst du nicht mit mir kommen? Ich möchte nicht allein gehen.
Escreveu Fernando Pessoa: „Minha pátria é a língua portuguesa."	Fernando Pessoa schrieb: „Meine Heimat ist die portugiesische Sprache."

710

> Der Anfang eines jeden Satzes wird groß geschrieben. Nach einem Punkt, Fragezeichen, Rufzeichen oder bei einem Zitat nach einem Doppelpunkt ist das erste Wort mit Großbuchstaben zu schreiben.
> Auch der Anfang eines Verses war früher durch die Großschreibung gekennzeichnet, wird jedoch heute vielfach klein geschrieben.

José	Europa	Pão de Açúcar
Maria	Alemanha	Avenida Rio Branco
Príncipe Perfeito	Tejo	Avenida da Liberdade
Tiradentes	Serra da Estrela	Praça do Comércio

711

> Eigennamen (Personen, Beinamen), geographische Namen (Kontinente, Länder, Städte, Flüsse, Berge u. ä.), sowie Straßen und öffentliche Plätze werden groß geschrieben.

Deus	Júpiter	Ascensão
Alá	Vénus	Ressurreição

712

> Das Wort **Deus** (Gott) sowie die Namen der Gottheiten und der religiösen Feste werden mit großem Anfangsbuchstaben geschrieben.

713 os Portugueses   alguns portugueses
        os Brasileiros   cinco brasileiros

> Die Bezeichnung für die Angehörigen einer Nation wird nur dann groß geschrieben, wenn sie für die Nation selbst steht; in allen anderen Fällen ist die Kleinschreibung üblich.

714 o Sol   a Ursa Maior   o Sul de Portugal
        a Terra   o Ocidente   o Nordeste do Brasil
        um dia de sol   ao norte de Belém
        uma terra fértil   o vento do sul

> Alle Himmelskörper werden groß geschrieben. Die Substantive **sol, terra** u. ä. stehen jedoch mit kleinen Anfangsbuchstaben, wenn sie nicht in dieser Bedeutung gesehen werden. Die Himmelsrichtungen werden nur dann groß geschrieben, wenn sie Gebiete bezeichnen.

715 Idade Média   Março   Carnaval   segunda-feira
        Renascimento   Primavera   Natal   Sexta-Feira Santa

> Die Bezeichnungen bedeutender Geschichtsepochen, der Monate und Jahreszeiten sowie traditioneller und religiöser Feste werden groß geschrieben; Wochentage nur dann, wenn sie Feste bezeichnen.

716 O Crime do Padre Amaro
        Diário de Notícias
        Revista de Geologia

> Titel von Büchern, Zeitungen, Zeitschriften u. ä. werden groß geschrieben; Artikel und Partikeln bleiben jedoch klein. Gegenwärtig werden solche Titel auch schon klein geschrieben.

717 Filologia Românica   Direito
        Matemática   Medicina

> Die Bezeichnungen der Wissenschaften und Künste werden groß geschrieben, wenn sie für Studienfächer stehen.

Ministério da Educação	Direcção-Geral das Relações Culturais
Organização das Nações Unidas para o Desenvolvimento Industrial	Faculdade de Letras
	Teatro Nacional
	Mosteiro da Batalha

718

> Namen von Institutionen, Organisationen, Lehranstalten, Kulturstätten u. ä. werden groß geschrieben.

719

primeiro-ministro
ministro dos Negócios Estrangeiros
arcebispo de Braga

marquês de Pombal
rainha de Inglaterra
imperador do Japão

> Im Gegensatz zu den noch bestehenden Regeln, wonach Titel von Trägern hoher Ämter und Würden groß geschrieben werden sollen, schreibt man heute solche Titel schon zumeist klein.

Der subjektive Aspekt des Problems drückt sich besonders in der Tatsache aus, daß der Titel **Presidente da República** in der heutigen Presse meistens noch groß geschrieben wird.

720

Dr. (Doutor) Campos
Prof. Dr. Manuel Fernandes
D. Antónia

V. Ex.ᵃ
V. Sr.ᵃ
Sua Excelência

> Akademische Titel und respektvolle Anredeformen, sowie Formen, die große Ehrerbietung ausdrücken, sollen groß geschrieben werden.

In den Massenmedien und auch in Büchern werden jedoch diese Titel und Anredeformen meist klein geschrieben:

O dr. (doutor) Castro fez ontem uma conferência.	Herr Dr. Castro hielt gestern einen Vortrag.
Como está, senhor engenheiro?	Wie geht es Ihnen, Herr Ingenieur?
O senhor professor já viu o meu trabalho?	Herr Professor, haben Sie schon meine Arbeit angesehen?

Bei der schriftlichen Anrede, z. B. in Briefen, werden nicht nur die akademischen, sondern auch andere Titel sowie das Wort **senhor/senhora** und gewisse verwandtschaftliche Bezeichnungen groß geschrieben:

Ex.ᵐᵒ Senhor Ferreira	Sehr geehrter Herr Ferreira

Senhor Dr. Joaquim Moreira	Herr Dr. Joaquim Moreira
Senhor Capitão	Herr Kapitän/Hauptmann
Senhor Embaixador	Herr Botschafter
Queridos Pais	Liebe Eltern
Meu caro Amigo	Mein teurer Freund
Prezado Colega	Geschätzter Kollege

Die abgekürzten Formen **S. Ex.ª/V. Ex.ª/S. Sr.ª** etc. werden immer groß geschrieben.

721

a Fé	a Língua	o Amor
o Estado	a Igreja	a Beleza
a Pátria	a Verdade	o Poeta

> Hohe religiöse und politische Begriffe sowie solche, die hervorgehoben werden sollen, werden groß geschrieben.

Nicht hervorgehoben oder in einem allgemeineren Sinn verwendet, schreibt man solche Begriffe klein:

Esta língua é difícil de aprender.	Diese Sprache ist schwer zu erlernen.
Há pessoas que não têm pátria.	Es gibt Menschen, die keine Heimat haben.
Vão construir aqui uma nova igreja.	Sie werden hier eine neue Kirche erbauen.

Interpunktion

722 Im Portugiesischen gibt es folgende Satzzeichen:

ponto (final)	Punkt
vírgula	Beistrich
ponto e vírgula	Strichpunkt
dois pontos	Doppelpunkt
ponto de exclamação	Rufzeichen
ponto de interrogação	Fragezeichen
reticências	Auslassungspunkte
travessão	Gedankenstrich
aspas	Anführungszeichen
parêntese	Klammer

Die Satzzeichen werden in der Regel wie im Deutschen gesetzt. Geringfügige Unterschiede bestehen beim Gebrauch des Gedankenstrichs und größere in der Verwendung des Beistrichs.

- Eu não queria dizer que ... - observou ela.

„Ich wollte damit nicht sagen, daß ...", bemerkte sie.

723

Während im Deutschen für die Unterbrechung eines Gedankens oft der Gedankenstrich gebraucht wird, verwendet das Portugiesische in diesem Fall nur die **reticências**. Der Gedankenstrich bezeichnet im Portugiesischen den Anfang und, wenn noch eine Bemerkung folgt, auch das Ende einer direkten Rede. Im Deutschen stehen in diesem Fall zumeist Anführungszeichen.

Esperei, esperei, primeiro com paciência, depois já desesperado, mas ela não apareceu.

Ich wartete und wartete, zunächst geduldig, dann schon verzweifelt, aber sie erschien nicht.

724

Não encontro o papel e já não sei onde procurá-lo.

Ich finde den Zettel nicht und ich weiß nicht mehr, wo ich ihn suchen soll.

O rapaz baixou-se, apanhou a caneta e, sem olhar para os colegas, continuou a escrever tranquilamente.

Der Junge bückte sich, hob die Füllfeder auf und, ohne auf seine Kameraden zu sehen, schrieb er ruhig weiter.

O homem abriu o livro, que já não tinha capa, abriu-o com cuidado, como se fosse algo de precioso, e começou a ler.

Der Mann öffnete das Buch, das keinen Schutzumschlag mehr hatte, er öffnete es sorgfältig, als ob es etwas Kostbares wäre, und begann zu lesen.

O que faço é muito pouco.

Was ich mache, ist sehr wenig.

Der Beistrich wird stets dort gesetzt, wo bei der Lektüre eine kurze Pause gemacht wird.

Satzteile mit erklärender Funktion werden durch Beistriche abgesetzt. Wichtige aufeinanderfolgende Satzglieder, wie Subjekt, Prädikat und Objekt, die beim Sprechen ohne Pause verbunden werden, stehen somit auch im Text ohne Beistriche. Dies gilt auch auch für Satzgefüge, in welchen ein Satz Subjekt bzw. Objekt eines anderen ist.

Während vor der Konjunktion **e** meist kein Beistrich steht, wird er vor der Konjunktion **mas** jedoch gesetzt.

Não sei onde pus a revista que me emprestaste.

Ich weiß nicht, wohin ich die Zeitschrift gelegt habe, die du mir geliehen hast.

725

Esta paisagem, que é tão bonita num dia de sol, oferece hoje um aspecto triste.

Diese Landschaft, die an einem sonnigen Tag so schön ist, bietet heute einen traurigen Anblick.

> Relativsätze mit einer zum Verständnis notwendigen Aussage haben keinen Beistrich; solche, die nur eine zusätzliche Angabe enthalten, werden durch Beistriche getrennt.

726

Fiz tudo como me disseste.

Ich machte alles, wie du mir gesagt hast.

Gritou tanto que ficou rouco.

Er schrie so sehr, daß er heiser wurde.

Acho que não vale a pena falar mais neste assunto.

Ich finde, daß es sich nicht lohnt, über dieses Thema weiterzusprechen.

Vou contigo, se me deixares conduzir o carro.

Ich fahre mit dir, wenn du mich das Auto lenken läßt.

A professora não deu aulas hoje, porque está doente.

Die Lehrerin unterrichtete heute nicht, weil sie krank ist.

Presta bem atenção, para que possas depois fazer como eu.

Gib gut acht, damit du es dann so machen kannst wie ich.

Quando chegarmos à praia, podes ir logo tomar banho.

Wenn wir an den Strand kommen, kannst du gleich baden.

Ainda que me custe, tenho de partir amanhã.

Wenn es mir auch schwerfällt, morgen muß ich abreisen.

> Komparativ- und Konsekutivsätze sowie **orações integrantes** werden nicht immer durch Beistriche abgesetzt.
> Konditional-, Kausal-, Final-, Temporal- und Konzessivsätze werden, vor allem dann, wenn sie vor einem Hauptsatz stehen, von diesem durch einen Beistrich getrennt.

727

Ambos têm muito dinheiro, sendo difícil dizer qual é o mais rico.

Beide haben viel Geld, und es ist schwer zu sagen, welcher der reichere ist.

Entusiasmado pelos amigos, foi com eles ao futebol.

Von seinen Freunden in Begeisterung versetzt, ging er mit ihnen zum Fußballplatz.

Podes ficar em casa ou, se preferires, ir dar um passeio.

Du kannst zu Hause bleiben, oder, wenn es dir lieber ist, einen Spaziergang machen.

O homem, diz-se, é um animal de hábitos.

Der Mensch, so heißt es, ist ein Gewohnheitstier.

Sentou-se e, sem pressas, foi examinando os papéis.

Er setzte sich und, ohne sich zu beeilen, überprüfte er die Papiere.

> Sätze oder Satzteile, deren Verb im **gerúndio** oder im **particípio** steht, sowie eingeschobene Sätze bzw. Satzglieder werden durch Beistriche getrennt.

		728
Vem cá, Fernanda!	Komm her, Fernanda!	
Desculpe, minha senhora, mas aqui não pode estacionar.	Entschuldigen Sie, gnädige Frau, aber hier dürfen Sie nicht parken.	
O Rio de Janeiro, antiga capital do Brasil, possui uma situação maravilhosa.	Rio de Janeiro, die ehemalige Hauptstadt Brasiliens, hat eine wunderbare Lage.	
D. Manuel II, o último rei de Portugal, governou só dois anos.	Manuel II., der letzte König Portugals, regierte nur zwei Jahre.	
O Mosteiro dos Jerónimos, em Lisboa, foi mandado construir por D. Manuel I.	Das Hieronymuskloster in Lissabon wurde von Manuel I. erbaut.	

> Der Vokativ, die Apposition sowie nähere Ortsangaben werden immer durch Beistriche getrennt.

		729
Não sei como ele se chama.	Ich weiß nicht, wie er heißt.	
Sei, porém, onde ele mora.	Ich weiß jedoch, wo er wohnt.	
Tens de assinar um documento e é, portanto, necessário que venhas comigo.	Du mußt ein Dokument unterschreiben und daher ist es notwendig, daß du mit mir kommst.	
Cheguei às duas horas, isto é, há precisamente hora e meia.	Ich bin um zwei Uhr gekommen, das heißt, vor genau anderthalb Stunden.	
A casa é, sem dúvida, muito boa e, além disso, está muito bem situada.	Das Haus ist ohne Zweifel sehr gut, und außerdem ist es sehr schön gelegen.	

> Die Konjunktionen **porém, todavia, contudo, no entanto, portanto, por conseguinte** u. ä. sowie Wendungen wie **isto é, além disso, por exemplo, afinal, enfim, com efeito, sem dúvida** stehen im allgemeinen zwischen Beistrichen.

Brasilianisches Portugiesisch

Durch die historische Entwicklung, bei der auch die geographische Entfernung mit- **730**
spielte, hat die portugiesische Sprache in Brasilien eine eigene Prägung erhalten.
Gegenwärtig sind die Unterschiede zwischen dem Portugiesisch beider Länder in der
Umgangssprache deutlicher spürbar, in der Schriftsprache sind sie eher gering.
Im Folgenden werden die wichtigsten Abweichungen auf den Gebieten der Orthographie,
der Morphologie und der Syntax angeführt, wobei die Umgangssprache der Gebildeten
als Vergleichsbasis dient.
Die nicht unwesentlichen Unterschiede in der Aussprache können in dieser Betrachtung
nur ganz allgemein behandelt werden.
Das wichtige Kapitel des Wortschatzes und der idiomatischen Wendungen fällt nicht mehr
in den Bereich einer Grammatik und muß daher außer acht gelassen werden. Es sei
noch darauf hingewiesen, daß bei der Größe Brasiliens vielfache regionale Unterschiede
eine bedeutende Rolle spielen.

Aussprache

Die unbetonten Vokale, die in Portugal meist sehr schwach oder – wie im Fall des **e** – **731**
kaum hörbar sind, werden in Brasilien wie die betonten ausgesprochen; nur die auslautenden Vokale werden etwas abgeschwächt. So wird **o** als [u] und **e** als [i] ausgesprochen. Das auslautende **a** schwankt zwischen [ɐ] und [a], wobei letzteres an dieser Stelle
etwas geschlossener ist als an anderer. Das **e** vor der betonten Silbe wird manchmal zu [i].

	Portugal	**Brasilien**
começado	[kumə'sadu]	[kome'sadu]
alegre	[ɐ'lɛgrə]	[a'lɛgri]
menino	[mə'ninu]	[mi'ninu]
esquecer	[ʃkɛ'ser]	[eske'se]
chamada	[ʃɐ'madɐ]	[ʃa'madɐ/ʃa'mada]

732 O und **e** vor einem Nasal sind in Brasilien immer geschlossen:

Antônio [ẽn'tonju]
econômico [eko'nomiku]
cênico ['seniku]

733 Zwischen der 1. P. Pl. **pres. ind.** und der 1. P. Pl. **pret. perf. s.** der Verben auf **-ar** wird phonetisch nicht unterschieden.

	Portugal	Brasilien
pres.:	falamos [fɐ'lɐmuʃ]	falamos [fa'lɐmus]
pret. perf. s.:	falámos [fɐ'lamuʃ]	falamos [fa'lɐmus]

734 Der Diphthong **ei** wird in Brasilien (wie übrigens auch in Südportugal) oft zu [e] monophthongiert:

brasileiro [brazi'leru]

735 **T** und **d** vor [i] werden meist palatalisiert zu [tʃ] bzw. [dʒ]:
cidade [si'dadʒi]
dia ['dʒia]
noite ['noitʃi]

736 Auslautendes **l** wird zumeist zu **u** vokalisiert:

Brasil [bra'ziu]
animal [ani'mau]
mel [mɛu]

737 Auslautendes **r** wird häufig abgedämpft und sogar ausgelassen:

comer [ko'me]
falar [fa'la]
melhor [me'ʎɔ]

738 **S** und **z** am Ende einer Silbe oder eines Wortes werden im allgemeinen als [s] oder [z] ausgesprochen, je nachdem vor welchem Laut sie stehen:

| barcos ['barkus] | pasta ['pastɐ] | esperança [espe'rẽsɐ] |
| rapaz [ʀa'pas] | mesmo ['mezmu] | desde ['dezdi] |

Die Aussprache am Ende einer Silbe kann in einigen Gebieten von der am Ende eines Wortes verschieden sein. In Rio de Janeiro aber ist die Aussprache dieser Laute annähernd der in Portugal gleich.

Orthographie

Ist im Diphthong **eia** das **e** offen, so erhält es in Brasilien einen Akzent. **739**

Portugal	Brasilien
ideia	idéia
assembleia	assembléia

In der betonten drittletzten Silbe erhalten **o** und **e** vor einem Nasal in Brasilien immer **740** einen Zirkumflex. In Portugal sind diese Vokale manchmal offen und erhalten den **acento agudo** → 695, 732.

Portugal	Brasilien
cómico	cômico
tónica	tônica
génio	gênio
género	gênero

In Brasilien erhält die 1. P. Pl. **pret. perf. s.** der Verben auf **-ar** → 733 und die 1. P. Pl. **741** **pres. conj.** von **dar** keinen Akzent.

Portugal	Brasilien
acabámos	acabamos
contámos	contamos
dêmos	demos

Die Endung **-oo**, die in Portugal keinen Akzent hat, erhält in Brasilien den Zirkumflex. **742**

Portugal	Brasilien
voo	vôo
enjoo	enjôo

Wird in den Lautkombinationen **qu** und **gu** das **u** ausgesprochen, verwendet man in Bra- **743** silien das Trema, in Portugal jedoch nicht mehr.

Portugal	Brasilien
cinquenta	cinqüenta
tranquilo	tranqüilo
aguentar	agüentar
ambiguidade	ambigüidade

744 Die Konsonanten **c** und **p** vor **ç, c** und **t** sowie **m** vor **n** werden in Brasilien nicht geschrieben, wenn sie nicht gesprochen werden → 687.

Portugal	Brasilien
acção	ação
accionar	acionar
eléctrico	elétrico
excepção	exceção
baptismo	batismo
omnipotente	onipotente
indemnizar	indenizar

Werden aber in Brasilien solche Konsonanten gesprochen, so werden sie auch geschrieben: **recepção, respectivo, característica**.

745 Auch bei anderen Wörtern des brasilianischen Portugiesisch wird die Orthographie vereinfacht:

Portugal	Brasilien
subtil	sutil
sumptuoso	suntuoso
connosco	conosco
comummente	comumente
ruimmente	ruimente
húmido	úmido

In Portugal wird in den Wörtern **subtil** und **sumptuoso** das **b** bzw. **p** gelesen.

746 In Brasilien werden die Monate und die Jahreszeiten → 715 sowie die Völkernamen, auch wenn diese eine Nation bezeichnen, → 713 klein geschrieben.

Portugal	Brasilien
Abril	abril
Verão	verão
os Alemães	os alemães
os Austríacos	os austríacos
os Suíços	os suíços

747 Die Verbalformen **hei, hás, há** und **hão** werden in Portugal mit dem nachfolgenden **de** durch Bindestrich verbunden: **hei-de, hás-de** etc. In Brasilien steht kein Bindestrich: **hei de, hás de** etc.

Fällt die Teilung eines Wortes auf einen Bindestrich, so wird dieser in Portugal am An- **748**
fang der nächsten Zeile wiederholt → 708. In Brasilien ist die Wiederholung unüblich,
obwohl sie auch dort von der Grammatik empfohlen wird.

Morphologie und Syntax

Bei der Konjugation der Verben fehlen in Brasilien fast überall die 2. P. Sg. und im ganzen **749**
Land die 2. P. Pl. Die Konjugation beschränkt sich daher fast ausschließlich auf die 1. und
die 3. P. Sg./Pl.

Bei der periphrastischen Konjugation werden die Verben **estar** und **andar** → 75 sowie **ir** **750**
und **vir** → 81 nur mit dem **gerúndio** verwendet.
Auch **acabar** steht mit dem **gerúndio**, wenn es der in Portugal üblichen Fügung **acabar**
+ **por** + **inf.** entspricht.

Ainda acabo ficando doido.
Você acaba fazendo bobagem.

In Aussagen, in denen in Portugal **haver** steht, wird in Brasilien oft **ter** verwendet. **751**

Portugal	Brasilien
Não há qualquer problema.	Não tem qualquer problema.
Há aqui muita gente.	Tem aqui muita gente.
Há pessoas muito sensíveis.	Tem pessoas muito sensíveis.

Die Stellung der Objektformen der Personalpronomen ist in Brasilien nicht so starr fest- **752**
gelegt wie in Portugal. Die brasilianische Umgangssprache zieht es vor, die Pronomen
vor das Verb zu setzen; dies gilt vor allem für Hauptsätze.

Portugal	Brasilien
Disse-me que tinha medo.	Me disse que tinha medo.
Mostre-me esse livro.	Me mostre esse livro.
Entrou e sentou-se logo.	Entrou e se sentou logo.

In Nebensätzen stehen die Objektformen des Personalpronomens vor dem Verb, wie in
Portugal → 393, können aber auch nachgestellt werden.

Portugal	Brasilien
Creio que a carta se perdeu.	{ Creio que a carta se perdeu.
	{ Creio que a carta perdeu-se.

Bezieht sich das Pronomen auf einen **inf.**, ein **gerúndio** oder auf ein **particípio**, so steht es immer vor diesen Verbalformen.

Portugal	**Brasilien**
Quero dizer-lhe o que penso.	Quero lhe dizer o que penso.
Ele anda a mostrar-nos a cidade.	Ele anda nos mostrando a cidade.
Não lhe tinha ainda apresentado o meu amigo.	Não tinha ainda lhe apresentado o meu amigo.

753 Was die Anredeformen betrifft, ist die 2. P. Pl. **vós** aus der brasilianischen Umgangssprache ganz verschwunden; die 2. P. Sg. **tu** wird immer seltener und nur mehr im Norden und im Süden des Landes verwendet. Die Formen **te, contigo** werden jedoch, wie auch die Possessivpronomen **teu, tua** etc. zusammen mit **você** gebraucht.

In Brasilien ist die Anzahl der Anredeformen geringer als in Portugal; **você** hat nicht nur das **tu** verdrängt, sondern ist auch viel allgemeiner verwendbar als in Portugal → 401. **O senhor/a senhora** ist die höfliche Form der Anrede, die gegenüber Respektspersonen und Unbekannten verwendet wird. **A senhorita** ist gebräuchlich und entspricht der Anrede mit „Fräulein".

Vossa Excelência wird nur in seltenen Fällen gebraucht. In amtlichen Briefen und in der Handelskorrespondenz ist **V. S.ª** *(Vossa Senhoria)* üblich.

754 **Você** und **o senhor/a senhora** werden auch statt der in Portugal üblichen Objektformen verwendet → 383. **Lhe** ist jedoch auch in Brasilien gebräuchlich, manchmal sogar als **complemento directo**.

Portugal	**Brasilien**
Posso falar consigo?	Posso falar com você/o senhor?
Queria dar-lhe isto.	{ Queria lhe dar isto.
	Queria dar isto ao senhor/a você.
Ontem vi-o no cinema.	Ontem vi você/o senhor no cinema.
Isto é para si.	Isto é para você/o senhor.
Eu vou levá-lo ao aeroporto.	{ Eu vou lhe levar ao aeroporto.
	Eu vou levar você/o senhor ao aeroporto.
	Eu vou levá-lo ao aeroporto.

755 Die unbetonten Objektformen **o/a, os/as** und **lhe/lhes** werden des öfteren in der 3. P., allerdings nicht bei allen Verben, durch **ele/ela, eles/elas** ersetzt.

Portugal	**Brasilien**
Não o encontrei.	Não encontrei ele.
Pedi-lhe um favor.	Pedi um favor a ela.

Die Possessivpronomen werden öfter als in Portugal, und zwar nicht nur bei den Ver- **756**
wandtschaftsbezeichnungen, ohne Artikel verwendet → 413.

Der Unterschied zwischen den Demonstrativpronomen **este** und **esse** sowie **isto** und **757**
isso wird in Brasilien kaum mehr empfunden; **esse** und **isso** haben die beiden anderen
Formen vielfach verdrängt.

Einige Verben stehen in Brasilien auch mit anderen Präpositionen als mit denen, die in **758**
Portugal gebräuchlich sind. So werden beispielsweise **ir, chegar** u. ä. vorwiegend mit **em**
verwendet.

Pegar steht meist ohne Präposition, und zwar vor allem dann, wenn es in anderer Bedeutung als in Portugal eingesetzt wird.

Portugal	**Brasilien**
Vou à cidade.	Vou na/à cidade.
Ele chegou hoje a Lisboa.	Ele chegou hoje em/a Santos.
Ela chegou a casa às 7 horas.	Ela chegou em casa às 7 horas.
Não pegue assim no garfo.	Não pegue assim no/o garfo.
Apanhei uma constipação.	Peguei um resfriado.
Vou apanhar o comboio das 11 horas.	Vou pegar o trem das 11 horas.

Wort- und Sachregister

Das Register ist alphabetisch geordnet, doch steht zum Beispiel **a + inf.** vor **a fim de** oder **e tantos** vor **égua**.

Ein Akzent auf dem Anlaut eines Wortes bleibt unberücksichtigt: **é que** steht zwischen **e** und **e tal**.

Die beigegebenen Zahlen sind die fortlaufenden Kennziffern der Abschnitte und nicht die Nummern der Seiten; diese sind dem Inhaltsverzeichnis zu entnehmen.

caminhar 603
campeão 290
canção 296
cânone 297
cansar-se 194
cantador 287
cão 293, 296
cãozinho 315
capital 296
capitão 281
carácter 297
carneiro 293
carpir 60
casita 315
caso 144
castanha 278
castanheiro 278
catedral 275
cativar 217
causar admiração 138
causar espanto 138
cavalheiro 293
cavalo 293
cecém 275
cegar 217
celebérrimo 345
cem/cento 474–475
centésimo 481
certámen 297
certo 265, 448
chapéu-de-sol 307
chegar 21, 83, 758
chegue quando chegar 171
chover 66
chupa-chupa 312
circunstância 179
cisma 276
citerior 322, 355
clima 276
cobrir 36, 217
colher 275
colorir 60
com 387, 433, 567–571
com efeito 729
comboiar 28
começar 22, 83, 193, 197
comer 30
comerciar 27
como 164–165, 169, 341,
   647–648

como quer que 155
como se 164, 645–646
completar 217
comprá-lo 18
compreender 140
comprimir 217
comum 332
comummente 490, 686, 745
concluir 217
concordar 134
conde 289
condessa 289
conduzir 32
confiar 139
conforme 164, 169
confundir 217
conhecer 23
connosco 387, 686, 745
conquanto 146
conseguir 25, 136, 198
consentir 134
consoante 164, 169
construção 296
construir 31
cônsul 299
consumir 38
contanto que 144
contar 139
continuar 83, 193, 510–511
contrair 33
contudo 638, 640, 729
convencer 217
copázio 314
copinho 315
cor 275
corpanzil 314
corrigir 217
corrimão 296
corromper 217
cortês 322, 331
cós 298
costumar 198
couve-flor 308
crer 42, 142
criança 280
crisma 276
cristão 296
crudelíssimo 345
cruz 275, 297
cujo 432, 441, 443

cultivar 217
cura 276, 281
cuspir 38

D

dama 283
dar 13, 43, 142
dar ordem 133
Datum 475–476
de 179, 192, 194, 247–249,
   387, 394, 426, 429, 433,
   449, 572–594
de boamente 492
de forma que 148
de graça 540
de jeito que 148
de mais 536, 541
de mamente 492
de maneira a 178
de maneira que 148, 178
de modo a 178
de modo que 148, 178
de pé 513
de sorte que 148
de tal modo 657
debaixo 501
decidir 198
decidir-se 193
declarar 109
decretar 133
defektive Verben 4, 58–66
defronte 502
deitar 193
deixar 83, 194, 608
dele/dela 417
deliberar 133
demais 458
demasiado 536
demolir 60
Demonstrativpronomen
   420–431
dentuça 314
deplorar 140
depois 506
depois de 178, 652
depois que 147, 178, 651–652
depressa 512
descalçar 270
desde 104, 595

desde que 144
desejar 133, 198
desejo 179
despertar 217
despir 36
destruir 31
determinar 133
deus 286, 297
devagar 512
dever 198
dia 276
difícil 335
dificílimo 345
diga quem disser 171
dignar-se 198
dilema 276
direkte Rede 226–234
dirigir-se 603
dispersar 25, 217
distinguir 217
dita 282
dito 282
dizer 12, 44, 109, 142, 180,
   183
dizer para + inf. pess. 180
dizer que + conj. 180
dobro 483
doer 29
dólmen 297
dor 275
dormir 36
dorzita 315
duplo 483
duque 289
duquesa 289
duvidar 141

E

e 632, 633, 635, 720
é que 238, 444
e tal 466
e tantos 466
égua 293
eis 395, 532–533
ele/ela 380, 755
elefante 288
eleger 217
em 192, 195, 247–249, 387,
   433, 449, 596–601, 758

em + gerúndio 207
em baixo 501
em cima 501
em frente 502
em pé 513
em vão 514
embora 146
emergir 61, 217
empenhar-se 195
empregar 217
encontrar-se 152
enfim 729
engoiar 28
enquanto 147, 163, 168
então 507
entardecer 66
entre 602
entregar 217
envolver 217
enxogar 217
erguer 25
erigir 217
es 384
escapulir 60
escrever 217
escritor 287
espanhol 317, 333
espantar 138
espécimen 297
esperar 139
espertalhão 291
espertalhona 291
esponsais 304
esquecer 30
esquecer-se 194
esse 420, 422, 424, 429, 757
está 66
estabelecer 133
estar 3, 6, 13, 45, 196, 210,
   212, 216, 510–511, 609, 750
estar, Gebrauch 96–101
estar + a + inf. 75, 99
estar + gerúndio 75
estar assente 133
estar certo 141
estar com 568
estar com medo 139
estar com receio 139
estar convencido 142
estar de acordo 134

estar decidido 133
estar deliberado 133
estar determinado 133
estar estabelecido 133
estar estipulado 133
este 420, 422–423, 429, 757
esteja onde estiver 171
estipular 133
estranhar 138, 183
estrela-do-mar 307
esvair 33
eu 380
europeia 324
europeu 324
evidenciar 27
evitar 136
excepto se 645–646
excluir 217
exigir 133
expilir 217
expressar 217
exprimir 217
exprimir o desejo 133
expulsar 217
exterior 322, 355
extinguir 217
extorquir 60
extrair 33
extremo 355

F

faça que fizer 171
facalhão 314
facil 335
facílimo 345
facto 179
fada 282
fado 282
falar 16
falha 282
falho 282
falir 60
fartar 217
faz 66
fazer (com)que 136
fazer 12, 46, 198, 217, 620
feijão 296
felicíssimo 345
fénix 298

mulher 275, 293, 297
mulheraça 314
mulherão 314
mulherona 314
munir 60
murchar 217

N

nação 296
nada 154, 222, 391, 448, 451
nada de 376
não 241, 451, 520–524, 541
não porque 149
não que 149
nariz 276
nauta 276
navio-escola 309
necessidade 179
necessitar 137
negociar 27
nem 525, 632, 634
nem que 146
nenhum 391, 448, 451–453
nenhuma pessoa 154
nevar 66
ninguém 154, 222, 391, 448, 451
no entanto 638, 640, 729
nora 293
nos 380, 398
nós 380, 382, 387
nosso 412
noz 275
Numerale 469–486
Bruchzahlen 484–485
Datum 475–476
Kardinalzahlen 470–476
Kollektivzahlen 486
Ordinalzahlen 477–481
Vervielfältigungszahlen 482–483
nunca 524
núpcias 304

O

o (art.) 244, 247, 249–263, 274
o (pron. dem.) 420, 426, 429

o (pron. pess.) 380, 383–384, 395–396, 755
o que quer que 155
o que quer que seja de 376
o senhor/a senhora 406, 408–410
obra-prima 308
obstar 136
obstruir 31
obter 136
ocorrer 65
óculos 304
ocultar 217
odiar 27
oferecer 142
omitir 217
onde 170
onde quer que 155
opor-se 136
oprimir 217
óptimo 351
orar 620
ordenar 133
órfão 290, 296
órgão 296
Orthographie 685–721, 739–758
ou porque...ou porque 149
ou...ou 149
ourives 298
ousar 198
outrem 448–449, 459
outro que tal 467
ouvir 39, 183, 198
ova 283
ovelha 293
ovo 283

P

pá 275
pagar 21, 217
pai/pais 305
país 297
palavra-chave 309
pão 296
pão-de-ló 307
pãozinho 301
papel 299
papelinho 302

papelzinho 301
para 178, 192, 196, 603–612
para que 145, 178
parabéns 304
pardal 299
pardalinho 302
parecer 198
partir 16, 603
particípio 7, 10, 12, 210–217, 361
passatempo 306
passear 26
Passiv 3, 67–69, 210, 212, 587
pastoral 275
patrão 291
patroa 291
paul 299
paupérrimo 345
paz 275
pedacito 315
pedir 39, 133, 180, 620
pedir para + inf. pess. 180
pedir que + conj. 180
pedrês 322
pegar 758
pelo menos 537
penitenciar 27
pensar 142, 195, 198
pense como pensar 171
pequenino 315
pequeníssimo 351
pequeno 351, 354
perceber 140
perder 39
perguntar 109
perigo 179
periphrastische Konjugation 3, 6, 70–83, 556, 588, 750
permitir 134
Personalpronomen 380–411
pêsames 304
péssimo 351
pessoa 280
pianista 279
pior 322, 351–352, 495
pires 298
pisca-pisca 312
plebeia 324
plebeu 324
poder 49, 198
poeta 65, 289

Im Text verwendete Abkürzungen

adv.	advérbio	P.	Person
art.	artigo	Pl.	Plural
bzw.	beziehungsweise	prep.	preposição
bras.	brasilianisch	pres.	presente
cond.	condicional	pret. perf. c.	pretérito perfeito composto
conj.	conjuntivo		
dem.	demonstrativo	pret. perf. s.	pretérito perfeito simples
f.	feminino		
fut.	futuro	pret. m.-q.-perf. c.	pretérito mais-que-perfeito composto
fut. impf.	futuro imperfeito		
fut. perf.	futuro perfeito	pret. m.-q.-perf. s.	pretérito mais-que-perfeito simples
impess.	impessoal		
impf.	imperfeito	pron.	pronome
ind.	indicativo	Sg.	Singular
indef.	indefinido	u.ä.	und ähnliche
inf.	infinitivo	vgl.	vergleiche
m.	masculino		